「村長」メディア放浪記

小松一三
Komatsu Ichizo

熊本日日新聞社

「村長」メディア放浪記 ―― 目次

「村長」メディア放浪記

気付けば熊本で人生の半分

ＲＫＫ熊本放送ラジオのバラエティー「こちら九州ラジオ村」のパーソナリティーを務め、もっぱら「村長さん」と呼ばれます。この番組、平日の毎日午後の枠でスタートしたのが１９８５（昭和60）年。７年間の中断後の再開から13年超。現在は土曜夜の放送ですが、聴取者の皆さんのご支援があってこそと思います。

東京生まれ、東京育ちの私は、79年にＲＫＫラジオの「モーニング・ダイヤル」を受け持つまで、熊本とは深いお付き合いはありませんでした。それが、さまざまな縁で仕事をご紹介いただき、気付けば人生の半分近くを熊本で過ごすことになってしまいました。妻子も孫もありながら、東京を離れてからはほとんど単身暮らし。このまま熊本に骨をうずめるのか、またどこかへ行くのか。

ＲＫＫラジオ「こちら九州ラジオ村」の収録。アシスタントの加納麻衣さんと和気あいあい

中学生時代に聴き始めたラジオに魅せられ、投稿を通じて放送メディアにどっぷりつかりました。念願のテレビ局への就職を皮切りに、広告代理店時代には雑誌向け記事も執筆、独立して映像コンテンツ制作にもかかわりました。放送評論家として、番組審査や制作マンへの講習なども受け持ちました。

自分では本業は「企画・プランナー」と思っていますが、ひょんなことから自らラジオやテレビに出演することが中心になってしまった部分もあります。一方で、そうした〝露出〟のおかげで各地のまちおこしなどのお手伝いができた面もあります。

放送に携わるようになるときの信条は、「地域密着、コミュニティーの場づくりにこそ、放送メディアの生き延びる道がある」でした。それを実践してきたつもりですが、成果としてはどこまで認めていただけるものやら。

出ずっぱりみたいな時代があった一方、運転代行や駐車場管理などで食いつなぐ時代もありました。「評論家」という自負と東京育ちの遠慮なしの口調のせいか、持論にひんしゅくを買ったこともしばしばです。

これまで、自筆の本やインターネットのブログなどで自らの半生を記していますが、今回、このような機会をいただき、あらためて書き留めることになりました。

古い話で記憶が混同している部分もあります。少し不安ではありますが、私のメディア放浪人生をご紹介したいと思います。

余録

太平洋戦争のおかげ?で都会っ子である私自身は思いもかけないいろいろな体験をすることができた。庭で野菜を育て、その新鮮な野菜を食べるという農家に生まれたような生活もかなり長いことしたし、戦争、終戦の混乱期の体験も良い刺激になり、幼いころの体力づくりにも役に立ったような気がする。空襲で勉強どころではなかったが、体育の時間にリュックサックに石ころをいっぱい詰めて、それを背中にかついで丘に登るという訓練は丈夫な体づくりになった。

戦後の教育改革で、私は突然共学になった女子中学に入らざるを得ず、その恥ずかしさに悩んだことが、受験勉強にまい進するエネルギーを生み、今の自分をつくってくれた。そして中学1年のとき、集団健診で肋膜炎《ろくまくえん》が見つかり、半年寝るだけの生活でラジオとの縁が生まれた。

阪急「小林一三」にあやかる

１９３５（昭和10）年、東京・目黒に生まれました。名前「一三」は三菱商事勤務の父春之助が、経済界の重鎮で阪急電鉄の生みの親の小林一三にあやかったのと、３月１日生まれだったからだとか。簡単に見えますが、文字のバランスを考えると書くのに苦労する名前です。

母はみやの。大伯父は、資源エネルギー庁のルーツ、石炭庁の長官を戦後に務める実業家の菅《すが》礼之助。私の幼少時は国策会社の帝国鉱業開発社長で、私たちが住む目黒に近い恵比寿の丘の上に邸宅がありました。初めての孫世代、男の子というのでかわいがってもらい、坂道に難儀しながらも一人で15分ほどかけて、しょっちゅう遊びに行っていました。

国技館で相撲があるときは、同じ秋田出身という縁で横綱照國《てるくに》を邸宅の離れに招くような〝タニマチ〟。私も横綱と一緒にタクシーで国技館に行き、砂かぶりで観戦するなどというぜいたくもさせてもらえました。

自宅のすぐそばに山手線と貨物線の線路があって、列車を見に行くのも楽しみでしたが、列車が通ると揺れるようなわが家でした。その揺れがだんだんひどくなり、もうたまらないというので5歳のころ引っ越すことになりました。今思えば、軍需物資輸送が頻繁になっていたのかもしれません。

転居先は洗足池。目黒からだと南西に4キロほどの場所です。父は東南アジア勤務で年に2、3回帰ってくる程度。おばあちゃん子だったので幼稚園になじめず、泣いてばかり。

海外勤務が多かった父・春之助と、珍しく一緒の一枚

小学校は当初、高級住宅街にある山王小に潜り込ませられたものの通学がきつくて続かず、幼稚園近くの小池小学校に転校。やせ細り、へんとう炎を患って弱々しい私は、いじめの対象でした。小2で自由教育の私立校に移り、そこでは友だちも増え、伸び伸びと過ごして後には〝ガキ大将〟。

その前年12月の真珠湾攻撃から戦時体制。体育の授業はリュックに石ころを詰めて土手を駆け上るなどの軍事教練の記憶はあるものの、勉強の方は覚えがありません。初めての東京空襲もこのころでした。

山本五十六元帥の住まいが近くにあったらしく、43年の戦死の際の葬送パレードだったのか、旗手を務めたこともあります。駅で出征兵士を見送る「万歳」の姿を、よく見かけるようになりました。

余録

小林一三といえば阪急という会社と、女性ばかりの歌劇団〝宝塚〟の生みの親だ。また、街から離れた郊外まで電車を走らせ、鉄道会社でありながら土地を開発し、人を住まわせることに成功し、そればかりか遊園地まで造り、まちおこしを始めた第一人者でもある。一つのことにこだわることなく、マルチ企業という発想がその後のデパートの開店や、鉄道関係では旅客サービスとして別運賃を取らない無料の急行を始めるなど、庶民の味方として社会を明るくし、今の大阪の雰囲気をつくり上げた。

その心を受け継ぎ、私もいろいろなものに挑戦し、開発を心がける生き方をしてきた。〝当たり前って本当ですか？〟の発想のもと、全てのことにこれで良いのかという疑問を持って生活するようになった。

疎開であちこち転々、終戦

本土空襲を受けて学童疎開。行き先は静岡県三島市で遠足気分でした。農家の手伝いをしてサツマイモをもらったりはしていましたが、食料不足がひどくなりドングリを生で食べたりしたせいで腸炎になり体が弱ったので、母が東京に連れ戻してくれました。

小学校高学年のころか。母・みやの、5歳下の妹・二三子と

五反田の母方の伯母の家に預けられ、歩いて15分ほどの私立森村初等学校へ。東京は頻繁な空襲、授業どころではありません。サイレンが鳴ると防空頭巾を被って慌てて帰宅するような毎日。米軍機の機銃掃射で学校の友だちが何人か犠牲になりました。

伯母の夫は明治製菓の川崎工場長で、工場見学の際など、途中の駅でアメリカ人捕虜が鎖につながれて働かされているのを見て「ざまーみろ」という気持ちになったのを覚えています。敵機が撃墜されたと聞けば子どもでもこん棒を持って現場に駆けつけたりもしていました。

　空襲はさらに激しくなり、群馬県の山奥にある明治乳業の神津牧場に親戚一同で移りました。牧童みたいな生活で、牧場だけに豊富なバターをサツマイモに塗って食べ、3日置きに牛乳風呂。それも空襲の懸念で長くは続かず、今度はひと山越えて長野県軽井沢の、閉鎖されていた明治牧場へ。

　ところが軽井沢は在留外国人の疎開先、日本人は原則として住めないことになっていたそうです。川で遊んでいると外国人の子どもたちから石を投げつけられたりもしました。牧場の「空き家」に不法に住んでいたことがばれてしまい、次は父方の遠い縁戚を頼って秋田県の山奥へ。

　ここで雪深い一冬を過ごした記憶があります。正月、親戚にあいさつ回りをすると、お雑煮をたらふく食べさせてもらいました。ただ、身を寄せていた縁戚の家人が、よその田のコメを盗んで「村八分」になり、一緒に住んでいるというので私自身も石を投げつけられるなどのいじめに遭いました。

　ある日、ラジオの前に集められ、みんな正座して終戦の詔勅を聞きました。涙を流している人もいましたが、やがて分厚いカーテンや電灯のかさにつけてあった黒い布が外され始めました。子どもの耳には天皇陛下の言葉は分かりませんでしたが、戦争は終わり、空襲の心配もなくなったと聞かされました。1、2カ月ほどして私たちは東京に戻ることになりました。

余録

太平洋戦争のおかげで日本中を転々とし、牧場で牧童のような生活をし、山奥でしば狩りも体験。都会っ子でありながらラバにまたがり、牛と牧草の中でたわむれ、田んぼで田植えをしてあぜでおにぎりを食べ、おたまじゃくしやカエルを捕まえるなど田舎っ子と同じ生活体験をしてきた。そのため、ラジオの仕事をするようになって地方生活をしても何の抵抗もなく各地を回れるので「村長さんは都会生まれなのによくこんな山の中へ1人でこれますね」と言われて、きょとんとしたことが度々あった。

こうした体験から、一人暮らしも不便を感じず、学生時代に満員の夜行列車の中で床に新聞紙を敷いて寝ることもなんとも思わない。山歩きも好きで、北アルプスの尾根伝い縦走を何度もやってのけたり、けっこう活発な学生生活を送った。

つらい列車通学、中学再受験へ

戦時中、各地を転々とする間も自宅は東京・大田区の洗足池にありました。中流のそれなりに大きい家でしたが、戻ってくると不発ながら焼夷弾《しょうい》が直撃して応接間の天井に穴が開いていました。修理して母と妹、家政婦さん2人、それに私という5人家族で住み始め、私は私立森村初等学校の5年生に復帰しました。

以前は預けられた五反田の伯母の家からなので徒歩15分ほどでしたが、自宅からだと東急池上線で電車通学。これがすごい混雑で、乗り損なって遅刻したり、乗れても頭が大人の腰辺りに挟まれ窒息しそうになったり…。やがて乗務員と顔見知りになり、車掌室に乗せてもらえるようになりました。

森村学園は終戦まで、小学校に当たる初等学校と高等女学校があり、初等学校も5年までは男女別々の教室、6年になるとき初めて混合クラスになったほどです。共学になったとはいえ、そのまま中学部に進学というわけにはいくまいと、男児はみんな他の私立校を受験。家庭のプライドなのか、公立中学校に進むという選択肢はありませんでした。

父の方針で吉祥寺の成蹊学園を受験させられました。戦争の混乱で勉強なんか全然していなかったので当然不合格。落ち込んでいると母が「安心していいよ。森村学園に行けるってさ」。同じ境遇の級友たち7、8人と、そのまま森村学園中学部に入りました。

そのころ、母がどこから聞きつけたのか、家族数に10畳を掛けた以上の広さの家は、住宅難で人に貸さなければならないという話があり、吉祥寺に転居。家は小さいのですが広い庭がありました。商社勤めの父は東大で農芸化学を専攻していて、肥料や農薬の新製品をテストするためということです。終戦後は捕虜になり、ドラム缶運びをやらされたとかで痩せて帰国した父でしたが、その広い庭に野菜を植え、収量を調べます。おかげでおいしい野菜を食べることができ、ひもじかった記憶はありません。

中学時代の楽しみは、静岡県・三保松原の夏季合宿だった。右端が私

ただ、通学は壮絶です。吉祥寺から乗る中央線は、当時も朝の混雑はすさまじく、覆いがなかった車両連結部の渡し板の上で、まるで車両にぶら下がるように

していました。途中、新宿に近づく辺りは高架が特に高くなっていて怖いのなんの。このつらさが、私を受験勉強に駆り立てることになりました。

余録

親父が化学肥料の仕事をしていたので、その実験のため、100坪ほどの庭にキュウリ、トマト、ナスはもちろんのこと、ニンジン、大根、ネギ、大豆、エンドウの他、菜の花などの花も植え、いかに育つかを試していたので、こうした日常の野菜がたくさんあり、八百屋で買ったことはなかった。

しかし親父は無精者でただ植えるだけ。雑草取りはしないので、肥料が効きすぎて草は大人の胸の高さぐらいまで常に生えていて、いつも草をかき分けて収穫するというありさま。子どもの私も親に似て無精だったので畑というのはこうした姿だと思っていた。

従ってわが家の日常の買い物は魚屋へ行くだけ。魚屋のおじさんはもっぱら魚をさばいて売るのが中心で、おばさんは腰にまいたエプロンのポケットにあふれんばかりの札束を抱えていて、魚屋は大金持ちなんだと子ども心に思ったものだ。

勉強で病気、ラジオとの出合い

大混雑の列車通学はヘトヘト。それで、最初の志望校だった自宅近くの成蹊学園編入に向けて勉強の意欲が生まれました。

父は、どういう「つて」を頼ったのか成蹊の先生が家庭教師に。特訓の後、編入試験の1週間ほど前だったか模擬試験。出来は50点ぐらいで間違いには正解を教えてくれました。そして受験。何と、模擬試験と同じ問題。記憶力が良ければ満点も取れたのでしょうが70～80点ぐらい。何とか補欠入学できました。

ただ、無理な受験勉強に切り替わった生活がたたったのか、病気になりました。肋膜炎。学校の集団健診で分かり、症状は軽くて治りかけだったそうですが、半年の安静を命じられました。寝返りをうつのにも痛みがあり横になって過ごす日々。退屈で手を伸ばしたのがラジオでした。

母は勉強に遅れが出るのではないかと心配して、ラジオの学校放送を毎日聞かせようと朝昼つけっぱなしにしてくれたのです。当時の放送はNHKの第1と第2だけ。授業のような第2はちっとも面白くない。娯楽主体の第1ばかりを聴きます。

「お好み投票音楽会」は、はがきでリクエストすると「小松一三さんほか何百通の応募で…」という紹介で曲がかかります。はがきを毎日3通ぐらい送り、一度だけ自分の名前を聞いて跳び上がって喜びました。

聴取者からの出題を使うクイズ番組「二十の扉」は採用されると謝金が送られてきました。ラジオ、放送が持つコミュニティー感に魅せられるとともに、今に続く「投書魔」の下地が作られていったわけです。

英語の清水先生（右端）には、よく指導していただいた。右から３人目が私

バラエティーの「日曜娯楽版」は風刺が利いて楽しく、音楽評論家・堀内敬三さんが解説する「音楽の泉」に触発されてピアノを習ったのもこのころ。

一番のお気に入りは「カムカム英語」と呼ばれた「英語会話教室」。アメリカで俳優もした平川唯一さんが声色を使い分けて日常会話を披露します。同じ「さよなら」でも「グッバイ」「ハブアナイスデイ」…。まるで外国にいるみたいで、テキストとにらめっこし

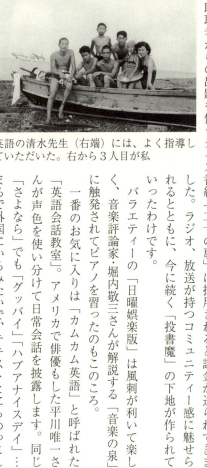

ながら夢中に。

数年後の話になりますがこの番組、開局間もない民放に引き継がれ、しかも各地で放送時間が違う。物干しざおで庭に高いアンテナを立て、神戸、仙台、北海道など1日に5回も同じ番組を聴くほどのめり込んでいました。

余録

勉強が嫌いだった私は、私立中学校への進学で見事に失敗。なんと今まで女子中学校だった学校の1年生になってしまった。突然の共学化で学校のトイレは女子用しかなく、小便をするには便器が高すぎて用をたせず、踏み台が特別に用意された。毎回踏み台に乗って用をたす格好が恥ずかしく、なんとかこの学校から他の学校へ入学せねばと猛勉強。無理な受験勉強がたたって〝肋膜炎〟になり半年の安静を命じられてしまった。

母は勉強に遅れが出ては大変と、当時NHK第2放送でやっていた学校放送のテキストを買ってきてくれたが、なんとも退屈な時間を持て余すようになり、第1放送の芸能娯楽番組を聴くようになった。こうして私のラジオへの旅が始まったのだ。

高校不登校、米軍住宅入り浸り

中学2年で成蹊学園に編入しながら肋膜炎で休学を余儀なくされていましたが、伯父の勤め先の明治製菓は医薬品も扱っていて、治療薬の都合をつけてくれました。輸入品の試験みたいな位置づけだったのでしょうが、当時の金額で3万円だったそうです。飯田橋の東京逓信病院に2回通って副作用をチェックされ「効き目がある」との評価。これで回復が早まったようで、3年になる少し前、復学できました。やがて成蹊学園は大学も併設、勉強嫌いな私でも大学までエスカレーター式に進学できる道が開けました。

高校時代の夏休みは、長野県の上高地を訪ねることが多かった。シンボル的な「河童橋」で。左が私

ただ、学力がなくて無理した編入なので勉強にはついていけません。高校には上がったものの不登校に。新宿のガード下にあったパチンコ屋まで出向いて時間をつぶし、景品交換で両手いっぱいのチョコ

レートになったこともありました。

1950（昭和25）年ごろは占領時代。代々木近辺には米軍の住宅団地「ワシントンハイツ」がありました。今はNHK放送センターになった渋谷区神南辺りだったか、「いつかアメリカに留学したい」という思いから、フェンスの向こうのアメリカンスクールを眺めることもしばしば。生徒たちと顔なじみになり、ラジオの「カムカム英語」で鍛えた片言の英語で言葉を交わします。そのうち「入っておいでよ」。一緒にテニスをしたり、売店でハンバーガーやコーラを飲み食いしたり。自分でお金を払った記憶がないんです。おごってもらってたのかな。

実は、学校に払い込むはずの月謝を使い込んでの〝不良生活〟でした。やがて本格的に家出。成績がどうのと過干渉の母に、すっかり嫌気が差していたのです。元手を稼ごうにも家庭教師などできる学力はありませんから、まずは新聞配達。きつくて1週間も続かず、バイト代をもらわないまま、すっぽかしてしまいました。次に思いついたのが投稿。以前も説明しましたが、多少なりとも謝金が出るのでそれをため、通学途上にあったクッキングスクールの2階に空き部屋があるのを見つけて転がり込んだのです。

近所の子どもたちの遊び相手や勉強の面倒を見て謝礼を受け取るようになり、使い込んだ月謝を学校に払えるようになって不登校生活は終わりました。ただ、成績が悪いうえに出席日数も足りず、2年には進級したものの同じ学年を2回繰り返すことになりました。

余録

勉強するのは嫌だと思っていた私だが、いざ病気になり「一日中静かに寝て過ごしなさい」と言われ、その通り生活してみると、こんな退屈なことはないと思えた。結果として、一日中ラジオを聴いて過ごし、ラジオに興味を持つようになった。平川唯一さんの「カムカム英語」という番組に出合ってすっかりとりこになった私は、高校生活で親に反発して不良少年ぽくなったが、ここで身につけた英語を生かして、当時、今の代々木にあったアメリカ占領軍の家族が住む〝ワシントンハイツ〟をのぞきに行き、同年代のアメリカの学生と仲良くなって有意義なときを過ごした。

全てが、こうやろうと思ってやったわけではなく、まわりの状況から自然にそうなっただけで、運が良かったのだ。

すぎやまさんの音楽サークル

音楽家・すぎやまこういち（椙山浩一）さんは、成蹊高時代の先輩です。１９５０（昭和25）年ごろは、学制改革で新制と旧制が混在していて、すぎやまさんは３つ年配。私は「すぎさん」と呼んでいました。

放課後、黒人霊歌が聞こえてきてのぞくと男声合唱サークル。ジャズっぽさが気に入って入会させてもらいました。その中にすぎやまさんもいたのでした。

高校の卒業式の後、成蹊学園の創立者・中村春二の胸像の前で。後列中央が私

ただ、このサークル、好きなときに集まって歌うだけで発表会みたいなことはなし。歌うのもクラシック中心。私はポピュラーっぽいのをやりたくて、別なサークルを立ち上げました。何人か集まったものの、音感が悪い人もいて合唱にはなりません。すぎやまさんのグループから「ベース（低声部）が足りないだ

ろ」と打診。「あなたたちは、ポピュラーっぽいのはやらないって言ってたじゃないですか」と反発してみたものの、上級生が何人か入ってくれて、何とか形になりました。また、キーが高くて歌えなかったのを編曲してくれたのも、すぎやまさんだったようです。

1階で練習していると、女子が窓の外に集まります。文化祭でもやはり女の子に受ける。年頃ですから、そりゃうれしい。一方で先輩たちにはやっかみもあったようで、ある日ラグビー部のキャプテンに、3階の教室に呼び出されました。「やられるな」と覚悟して行くと「屋上に行こう」。二人だけになり、拳で左右のフックを食らった後「帰れ」。それ以降は特に問題もなく、卒業まで活動を続けることができました。

後に私が日本テレビに入社してから、すぎやまさんが担当するフジテレビの人気番組「ザ・ヒットパレード」の楽屋に忍び込んだことがあります。テレビを見て「あ、すぎさんだ。1回会わなきゃ」という程度の動機でした。知り合いのディレクターに会う約束を取り付けて入り込み、楽屋に潜入。本人が入ってくるなり「何だおまえ。俺の楽屋だ」「分かってますよ」「知らないから入ったんだろ、出て行け」。押し問答になってつまみ出されようとしたとき「僕は成蹊の小松です」。

「何? 何で来たんだ」。それで少し落ち着いて、「俺もいろいろあったんだよ」。1時間ほど話しました。私は自分の番組で絵描き歌を自作したのですが、「すぎさんに負けないぞ」の思いがありました。

余録

学生時代、勉強もろくにせず、のめり込んでいた部活（音楽部、放送部）の内容が就職してからの活動にかなり役に立った。

音楽部でのピアノレッスンでは、ひとときプロのピアニストになりたいと思って、クラシック音楽を勉強。ソナタまで習ったが、母から「男がピアニストになるなんて…」と言われて、しぶしぶ断念。しかし、テレビの子ども番組で〝遊び歌〟を自作したり、放送部の発表会で番組作りの台本を書いていたことが、即プロの台本作りの出発点になるなど、まさかと思えるぐらい仕事にのめり込んでいった。

放送局（日本テレビ）に入ってからも次から次へと新しい職場を転部して、まだ始まったばかりのテレビの世界で新しい体験ができたことは恵まれていたと思う。

学園の放送設備更新に直談判

1954（昭和29）年、エスカレーター式で成蹊大に進学。勉強はさておき高校と合同で放送研究会サークルを作りました。中学時代からラジオに魅せられ関心が強かったのでしょう。そこに、学園の放送設備を更新する話が飛び込んできました。高校時代、当番制で生徒が受け持つ校内放送があまりにひどかったので「やらせてくれ」と口を挟んだのがきっかけで親しくなっていた放送担当の先生から聞かされたのです。

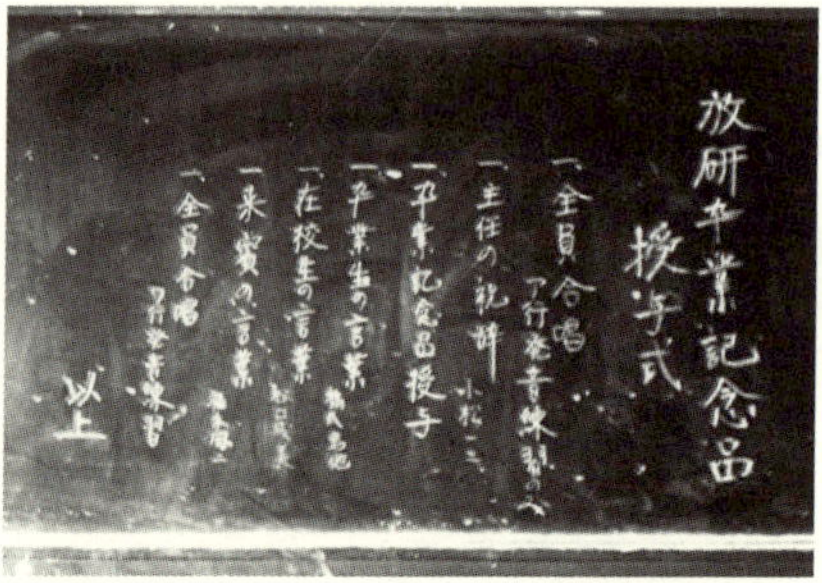

大学時代にのめり込んだ「放送研究会」の卒業記念行事の板書。主任の私が祝辞を述べた

学校に近い三鷹に工場があった音響機器メーカーに単身飛び込み「老朽化している校内全体の放送設備を替えたい」と直談判。費用見積もりに学校側は難色を示しましたが、私は再度、会社を訪ね「月賦払いでどうですか」との提案を引き出しました。数年がかりの返済だったのでしょうが、これが通った

のです。

そうした経緯のせいか、私たちの放送研にはメーカーから資金援助。文化祭では京都の祇園祭をもじって擬《ぎ》音祭《おんまつり》と銘打って、ざるに入れた小豆で雨や波の音を再現するなどの発表をする際にも機材を提供してくれ、私の部内での立場は堅固なものになりました。

一方で、家庭は居心地が悪く、ちょくちょく家出。今度は友だちのつてでアパートの一室を借り、通いで子どもたちの宿題をみたり遊び相手になったり。やがてその子どもたちの父母から「日曜もみてほしい」と言われるようになって、自宅に帰らない日々が続きました。

収入の足しにと投稿も。新聞、雑誌やＮＨＫのクイズ番組への問題応募…。それなりに採用され貯金もできるほどになっていました。放送への意見も多かったためか、朝日新聞から放送の1年を振り返るという趣旨の座談会に呼ばれ、55年12月、「ラジオ番組への批判と希望」というタイトルで夕刊に掲載されました。うれしくて不仲だった母に報告しに行ったのですが「ああ、そう」とつれない返事でがっかり。

ゼミは「メディア論」。担当の佐々木斐夫《あやお》先生に、これまでの投稿活動を話すと「いいことをした。積極的にもっとやりなさい」と励まされ拍車がかかりました。ゼミのテーマは文明批評家でメディア理論の権威マクルーハン。著作に感激して長文の投稿をすると、朝日の「声」欄にそのまま掲載されました。佐々木先生に報告すると「新聞、持ってこい」と喜んでもらったのを思い出します。

余録

母は何かにつけて干渉するタイプで口うるさく、私はそれが嫌になって家出をするようになっていた。家出といっても生半可なものではなく、そうなると生活費も自分で稼ぐ必要があった。今のようにアルバイトの仕事がいろいろあるわけではなく、高校生の身では家庭教師しかない時代。勉強嫌いの私には無理な仕事で、朝日新聞「声」欄、各新聞のラジオ・テレビ評、その他、雑誌などの投書欄に片っ端から投書して、その謝金でなんとか生活していた。

投稿、モニター　危うい卒業

家出といっても、〝潜伏先〟を知っている伯母から説得されて、ちょくちょく自宅に戻るようなものでした。そんな生活で投稿は貴重な収入源、毎日何通も出しまくります。朝刊1部10円以下だった時代、午前中に大学図書館で投稿先の各紙に目を通し、掲載されていると自転車で駅売りを買いに走りました。売り切れのことも多かったですが。同じ人間ばかり掲載するわけにはいかないのでしょう。五つぐらいの仮名を使い分けてくれた新聞社もありました。一つは今も覚えています。「末田久幸」。「まったくさいわい」と引っ掛けた仮名です。

あまり服を持たなかった大学時代、“蛇腹”と呼んでいたボタンなし、詰め襟の制服で過ごすことが多かった

ＮＨＫの「主張もの」にも投稿。採用されるとスタジオに呼ばれて自らしゃべるのです。「私たちのことば」という番組だったかな。応募者が少な

かったのか採用率は高く準レギュラー並み。ＮＨＫのスタッフとは顔なじみになり、後にあるテレビ局で、そうした人たちと再会することになります。

ＮＨＫの番組モニターもしたくなりました。東京電力会長になっていた大伯父の菅礼之助が仲介してくれ、私も参加した朝日新聞のラジオについての座談会記事の効果もあったようで、採用が決まりました。ＮＨＫ東京放送会館で月1回のモニター会議、学生は私1人。最初こそおっかなびっくりだったものの、だんだん一人前の意見を言うようになり、本来の任期を過ぎても継続。

ところが親元に戻っていたある日、ＮＨＫから「やめてもらいます」と電話。新聞の意見欄に、ＮＨＫの番組批判を出していたのでした。「モニターをしながら、外部のメディアに批判を出すとは」というのが理由。申し開きできませんでした。

放送へののめり込みが高じ、進路は放送局を希望。詳しくは次回に書きますが、日本テレビに就職が決まりました。ところが苦手だった経済原論の単位が取れず、大学を卒業できないかもしれないとゼミの佐々木斐夫《あやお》先生から聞かされたのです。

佐々木先生の指示で、一升瓶を2本抱えて経済原論の巽博一先生の自宅を訪ね「申し訳ありませんでした。入社が決まっているのでよろしくお願いします」と土下座。数日後、佐々木先生から「巽先生は『正直なところが気に入った』と言われたよ」と連絡があり、卒業できることになりました。

余録

危うい橋を何度も渡りながらどうにか大学を卒業することができた。狭い範囲での大人社会との接触だったが、家出生活を支えていかねばならなかった体験が私を強くさせたようだった。

長期にわたるNHKの放送モニターの仕事を通していろんな番組の担当者と顔なじみになり、これが後で就職する時に役に立つという経験も味わった。

学生とはいえ、仕事に真剣勝負だったことが大人からの信頼を得たのだと思う。また何事も自分が納得しなければ満足しない、こういう自分の考え方も良かったのではと思う。頼まれた仕事はよほどのことがない限り、一生懸命頑張った。これが次々と新しい仕事をもらえることにつながって、私の人生の道程が開けてきたのだ。

成績は下から2番、日テレ入社

ラジオに魅せられていたので就職先の第1希望はラジオ局。NHKに通るような学力ではありません。民放は草創期のテレビ人気に押されて採用なし。逆にテレビ局は人が足りない。日本テレビを受験して採用されましたが、退職の際、総務人事部長が言うには、入社試験の成績は下から2番目だったそうです。

面接のとき「子ども番組をやりたい」と言い続けていたから、と自分では思っています。日テレは子ども番組のディレクター（作り手）がいなくて困っているという情報を得ていたので、チャンスはあると信じて「子ども番組をやりたい」と呪文のように唱えていたのでした。

また以前触れた経済界の重鎮・菅礼之助の一族という「コネ」があったのかもしれません。菅側から日テレ創始者の正力松太郎さんに「よろしく」と、あいさつがあったらしいとも聞かされました。

1958（昭和33）年に入社。配属は報道局報道制作部で、音楽とニュースを除くいろいろな番組を作ります。まずアシスタントディレクターとして雑用やカメラの扱いなどを習熟。半年ぐらいで、自分で構成や台本を考えて番組を作らせてもらえます。

さあ、念願の子ども番組。「テレビのおばちゃま」という毎朝30分ほどの子ども向け番組の担当になりました。学生時代に子どもの遊び相手や子ども会の世話もしていましたから、お金をかけずに子どもに受ける企画のテクニックには自信がありました。

日本テレビのアシスタントディレクター時代、人形操作など裏方の仕事もこなした。奥が私

絵描き歌などというものもない時代、自前で作詞作曲もします。たわいない歌なんです。「丸を描こう、丸を描こう、棒を描こう。ほらお団子だ」みたいな。絵描き歌を思い付いたのは、私が字も絵も下手だと言っていたら、この番組の司会者の１人で幼稚園の先生の藤田妙子さんが「あなた勘違いしている。誰だってほっといたら絵は描けません。でも丸や三角や四角は描ける。それを組み合わせてごらんなさい」と言われたのがきっかけでした。

この絵描き歌、思わぬ収入になりました。著作権協会から電話があり「勝手に流しているようだが、きちんと届け出て使用料を払うように」。私は「仲好子好《なかよしこよし》」という仮名で作っていて、自分の局で使う曲なのにと戸惑いましたが、上司に相談すると「決まりだから、ちゃんと申請も支払いもやらなくちゃ」。

そのうち小切手が送られてきました。給料もどんどん増える時代でしたが、著作権料は半年分で給料の数倍。それを元に、小さな乗用車を買いました。

余録

学校の成績はいつも悪かった。特に通信簿をもらう時、進学する時は暗い人生を送っており、就職が大変だった。

当時はテレビが台頭してきたところで、ラジオ局は下火になり、人員整理が行われるほどの危機状態。一方、テレビ局は上り坂で、より多くの人を採用せねばといったところ。とても私の成績では採用は無理と思われたが、「日本テレビは子ども番組を制作するスタッフが極端に不足している」という情報を得た私は、親父にも頼んであらゆる手を尽くしてなんとか入社に成功したというのが実情だ。

「兼高かおる」に先行、世界の旅

テレビの世界旅行番組といえば、1959（昭和34）年に始まったTBSの「兼高かおる世界の旅」が有名ですが、日本テレビはそれに先んじて、世界を紹介する番組を手掛けています。「世界めぐり」というタイトルで、その担当をしたことがあります。

でも、今のような現地取材を想像されると困ります。海外旅行自由化は、東京五輪が開かれ、私が日テレを退職する年でもある64年。簡単に取材に行けるご時世ではなかったのです。

都内の大使館や公使館からその国のPRフィルムや民芸品、地図などを借りてスタジオに飾り、大使やその家族らに出演してもらって異国情緒を伝えるというのが精いっぱいでした。

東京・田園調布の住宅街。外国の公館関係者も多く住み、旅番組の資料集めのためによく通った

出演依頼や借りたものの搬入、返却などは大変な

手間でした。ただ、こうした各国とのお付き合いは後々、海外取材に行く際の手続きを要領よくこなしたり、人脈づくりにつながったりと役に立ちました。

カラー放送のスタート時期でもあり、そのドタバタにも立ち会いました。入社当時、日テレは実験放送を始めていましたが、60年にNHKが本放送を始めるというので「負けちゃいられない」というトップ命令です。月－金の昼前の女性向け教養・音楽番組「女性ノート」を「来週からカラー化する」と突然の通告。1週間の余裕しかありません。

機材がカラー用に変わるだけと思われるかもしれませんが、当時の機材でちゃんとした色を出すのは難しかったのです。例えばカレーライス。実物の色を再現しようとすると、照明を猛烈に強くしなければならない。ところがそれでは暑くて出演者がたまらない。「何とかしてもらえないか」と照明さんに交渉すると「おまえらディレクターが何とか考えろよ」。

コーヒーや紅茶も、そのままだと色が薄いのでしょうゆを足し、本番では出演者に「飲まないでください」と注意するのですが、スタジオの暑さで喉が渇くので、つい飲んでしまう人が続出しました。

背景などに使うセットも、ライトが強いと塗装がはげるので1週目はカーテンだけじゃなかったかな。2週目からは照明、大道具、小道具、メークさんなどもどうやら対処できたように思います。収録現場のスタッフは、日焼けならぬ〝スタジオ焼け〟で一年中肌が黒くなっていました。

余録

人間、苦境に追い込まれるといろいろなことに気がつくものだ。まだ海外旅行が自由化されていないころ、「世界めぐり」という番組を日本テレビで制作した。

若手のぺーぺー者が大使館に交渉に行っても手続きが複雑で仕事がはかどらない。たまたまある日、ものめずらしさも手伝って東京・田園調布の高級住宅地の一角にあった、南米ベネズエラの公使館を訪ねてみた。それは丁寧に応対してくださり、公使館夫妻のテレビ出演はもちろんのこと、数々の装飾品、カラーフィルムによる国のPR作品も貸してくださるなどの協力をいただいた結果、それは珍しい番組を作ることができた。これに味を占め、日本にあまり知られていない小さな国の公使館を次々に紹介することにしたのだ。

「ヤン坊マー坊」当番忘れて

２０１４年まで55年間続いた「ヤン坊マー坊天気予報」は、入社翌年の１９５９（昭和34）年に始まった番組です。日本テレビのディレクターは、新人もベテランも月１回は編集を担当するのが決まりでした。ただ、担当者は多く、実際には３カ月に１回程度。最初は緊張感を持って臨んでいたのが、慣れてきて自分の当番を忘れてしまいました。

番組終了を伝える記事で熊日にも掲載された「ヤン坊マー坊」。放送開始時とは絵柄が変わった（提供：ヤンマー／共同通信社）

放送は夜10時ごろ。翌朝出社すると職場の雰囲気が何か違う。報道局長が部屋の奥で腕組み。「何かおかしいな」。自分の席に座ろうとすると局長が「小松君、昨夜はどこにいた」「え、飲んでましたが」「バカヤロー。天気予報担当だったの知ってたか」

この番組、音楽やアニメーションは全国共通ですが予報自体は地域ごと。データが入るのは放送のほとんど直前で、当番はそれを例えば「あす　くもりのち雨　夜遅く強い雨」という具合にテロップ（字幕）担当者に発注し、読み原稿も作ってアナウンサーに生で読んでもらうのです。平常通りでもバタバタ。私がすっぽかした夜は、テロップ担当者が報道局に「発注が来ない。準備できないよ」と電話してきて、残っていた人間で対処したということでした。

半端な叱責《しっせき》では済みません。局長は私の後ろに回り込み、不審者対策で備えてあったこん棒で肩をたたきます。30人ほどの部員がいる前です。さらに「たまにだから忘れたんだろう」とその後1年、毎月1回の担当も命じられ、自分たちの分担が減る同僚たちは喝采でした。

この話、前段があります。先に紹介した番組「テレビのおばちゃま」では、司会進行役を交代で務める3人の「おばちゃま」同士の人気合戦がありました。視聴率調査で私が担当する「おばちゃま」の人気が上がったので、別の「おばちゃま」が不平を言うのです。「あのおばちゃん、変えてくれませんか」と訴えましたが、担当部長は「女に涙を流させるのは嫌いだ。だから辞めさせられない」。私は「なら僕が辞めます」。てんぐになっていたのです。天気予報でのポカの「罰」は、そうした思いあがりもいさめたのでした。

「辞める」事件はその3日後、その部長が釣りに出かけた先で突然死。葬儀の後、局長に事情を話したところ、半年後に担当番組を持たないフリーディレクターに変わることで決着しました。

余録

慣れとは恐ろしいものだ。番組をすっぽかしてしまったのだ。今でもテレビで天気予報の時間になると時々思い出す。

私は成蹊学園中等部のころから気象に興味を持ち、当時からNHKラジオ第2放送で紹介される全国の天気、気圧、風向き、風量のデータを基に日本全国の天気図を書くのが楽しみで、自分なりの天気予報を学校の壁新聞に書き込み、得意になっていた。成蹊学園は三鷹の天文台から全国の気象観測点と指定され、学校の敷地内に百葉箱が設置された。そのデータを先生に頼んで壁新聞に紹介していたのだ。そんなわけで多少とも気象には詳しく、気象番組には乗り気だったのだが、つい…。

もう一つの3分クッキング

長寿の料理番組「キユーピー3分クッキング」は2種類あります。TBS系列のCBCテレビ（中部日本放送）と日本テレビ放送網、それぞれが同じタイトルながら別の番組を作っているのです。熊本で放送されるのはCBC版ですが、私は日テレ側で1963（昭和38）年の番組立ち上げに携わりました。

どういういきさつか「男のディレクターがやれ」と命令が飛んだのでした。ただ、誰もやりたくなくて、先輩たちは「忙しい」などと断り、私にお鉢が回ってきました。「毎日番組が作れる。出世するよ、これは」が殺し文句でした。

キユーピー側が持ちかけた企画で、既にCBC版は始まっており、独特のものにしようと苦心しました。正味3分の生放送、実際に3分で作れるような

立ち上げに携わった「3分クッキング」の収録風景。講師は料理学園主宰の赤堀全子さん

料理はそうそうありません。既に3人の講師は決まっていて、あいさつに行き「3分で作れることを考えてください」とお願いしました。

当時も「すり替え」という手法を使う料理番組はありました。調理の途中や出来上がりを何人かの助手で別に準備しておき、「煮込んだ後は、こんな具合」「最後にこう盛り付け」という具合に取り換えていくのです。ただ、私は「すり替えはうそですから、やりたくありません」と突っぱねました。先生たちは3人とも「それでは番組は作れません」。

苦し紛れに考えついたのが、料理の前提になる基礎的な知識。「都市ガスとプロパンガス、同じ量の水を入れたやかんでどちらが早く沸くか」「氷式の冷蔵庫、入れ方のマナー」「テーブルに水や汁物をこぼしたときは、布巾で拭くだけだと跡が残るので紙で吸わせる」など。1週目はそれで乗り切り、視聴率もよく、新聞の新番組紹介に取り上げられるなど好スタートを切りましたが、それからが大変。焼き物料理とか混ぜご飯などを紹介した記憶があります。

他の番組で人手が足りないからと、担当は半年ほどで免除になりましたが、日テレの社史か社内向け文書に「3分クッキングを開拓した」との触れ込みで私の名前が紹介されているそうです。一方、私の後を引き継いでこの番組を30年以上担当した中村壽美子さんは大プロデューサーになりました。私にとって日本テレビ勤務は、良い意味でも悪い意味でも、若さで暴れまわった時代といえそうです。

余録

現在もテレビで放送されている「キユーピー3分クッキング」は昭和38年に始まった。

当時スタッフがおらず男性ディレクターで作らざるを得なくなり、先輩たちはみんな「忙しい」と言って逃げ回るため、私にお鉢が回ってきたのだ。殺し文句は「入社したばかりで番組を担当するのはすごい事だ。お前は子ども番組を含めて毎週２本も番組を持つわけだから将来の出世頭間違いなし」。おだてられ、泣く泣く担当に。でも、番組作りの良い勉強になったことは明らかだった。

何しろテレビ創成期のころだけに体でぶつかっていかねばならない。だから大変とは言ってもおれず、無我夢中で仕事をこなしていた。

靴磨きの男の子訪ね米国取材

テレビディレクターは激務で、20代も終わりのころ「35歳定年」だと思い始めていました。独立して自分でお金を集めて番組を制作することを夢見るようになったのです。それなら営業の仕事もしなければ。かといってテレビ局の営業部門ではしょせん枠の中。転職先は見つからないまま、日本テレビを退職しました。1964（昭和39）年のことです。

ところが父が「辞めるなら、東京12チャンネルに行ってくれ」。今のテレビ東京です。発足時の正式名称は財団法人日本科学技術振興財団テレビ事業本部。この財団と、何度も触れた私の大伯父が、関係があったのかもしれません。また12チャンネルは、全国の放送局に人材提供の協力を呼びかけてもいたようです。

「あいさつだけ」のつもりでした。ところが東京タワーの下にあった局を訪ねると、投書魔時代に知り合った元NHKのディレクター、それにベテランアナウンサーがいます。当初の考えはどこへやら。「なら、来ます」

すぐに番組作りを担当させられました。靴磨きの男の子のその後の物語です。戦後間もないころ、戦災孤児を取り上げた「鐘の鳴る丘」というＮＨＫの人気ラジオドラマがありました。フィクションですが、そうした戦災孤児の１人がアメリカ留学の後、現地で高校教師になり、日本人のお嫁さんをもらおうとしていたのです。ところがお嫁さんを入国させられないというので、教え子の高校生たちが大統領に働きかけて許可が出るよう運動していました。それを取材に行くことになりました。

米国取材の折には、カメラマンとともにミルウォーキーのテレビ局も訪ねた。左端が私

行き先は五大湖に面したウィスコンシン州。取材対象の先生はビール産地として有名なミルウォーキー在住でした。もともと憧れていた放送教育学の講座が州都マディソンのウィスコンシン大にあって、そちらもついでに取材するなど４日間の滞在。

ちょうど帰国する日の朝でした。大統領がＯＫしたというのです。街じゅう大騒ぎ。パレードもするというのですが、そこまで取材する時間的余裕がない。地元新聞社にその写真を送ってもらうよう頼んで番組の最後に使いました。ドキュメンタリーとしては最高です。当初、1時間程度の番組のつもりだったのが2時間半になりました。番組枠が緩やかだった東京12チャンネルだから、こんなこともできたのでしょう。

余録

私が子どものころ、NHKラジオで「鐘の鳴る丘」という戦災孤児を題材にしたドラマが放送されていた。上野駅の地下道で靴磨きをしていた孤児をモデルに、孤児たちの実態を描いたドキュメントドラマで、菊田一夫氏が台本を担当した番組だった。その主人公のモデルの男の子がアメリカに渡り、高校の先生になって日本からお嫁さんをもらうことになったが、移民法の壁にぶつかりお嫁さんを呼び寄せられなくなったという。その取材にアメリカへ行くことになった。

現地に行くと彼は貧乏で、床に穴が開いた中古車に乗り、中古バスを改良した家に住み、下着のTシャツはほころびていた。そんな生活が当たり前になり過ぎて、自分の身なりも気を配れなくなる姿を見て、私自身気をつけねばと反省させられた旅だった。

親戚の紹介で広告代理店へ

東京12チャンネルで作った、アメリカに渡った戦災孤児のドキュメンタリーはいい出来だったと自負しています。ただ、開局間もない局の認知度は低く視聴率は散々。私は上司に「誰も見てないじゃないですか」と悪態をつきました。

教育専門局でCMを取らず、運営母体の日本科学技術振興財団というつながりでの寄付が頼り。しかも気になる話が耳に入ってきていました。

この局はもともと旧軍人が、国策遂行にはメディアへの影響力が必要という考えから作ったのだ、というのです。後には日本経済新聞社が買い取り、そうした懸念はなくなったと思いますが、当時の上司に「この話、本当ですか」と聞くと「本当だ」と答えられ、長居は無用だと考えました。

辞めるまでに何か残そうと、毎週1回30分の音楽番組を作りました。番組名は「こっち向いて」。局への注目度を高めたいという願いをかけたのです。ダークダックスやボニー・ジャックス、ジェリー藤尾、中尾ミエ、東海林太郎ら人気を集めた歌手たちが出演してくれました。視聴率自体は低かったのですが、VTRとして地方局に売れ、ご覧になった方は多かったようです。

９カ月で東京12チャンネルを退社。小さな広告代理店に勤めていると、明治製菓の役員になっていた伯母の夫に呼び出されました。仕事のあてを聞かれ「広告代理店に勤めたい」と話すと「じゃあ紹介しよう」。そこに現れたのが明治製菓と取引があった第一広告社。先方にしてみれば、私を〝人質〟に取れば、さらに明治製菓の広告出稿が狙えると踏んだのでしょう。その場で採用が決まりました。１９６６（昭和41）年春のことでした。

東京12チャンネルでの音楽番組収録のひとこま。中央手前が私

広告代理店最大手の電通は、既にＡＥ（アカウント・エグゼクティブ）という広告の企画・立案から制作、掲載まで受け持つ仕組みを始めていましたが、第一広告社はまだ、広告主の依頼に応じて媒体と仲介する営業が主体。そこにテレビ制作経験者が来たものですから社長は「うちで番組を作ろう。おまえ、作れ」。

私のために営業局企画制作部という組織まで作って

くれました。部長は社長が兼務で私は副部長。アシスタントの男性が1人つきました。こっちは営業を覚えたくて行ったはずなのに。

余録

日本テレビから東京12チャンネルへ移籍して3年ちょっと、東京12チャンネルというテレビ局の実態を知って上司に疑問をぶつけたところ「キミはその情報をどこから手に入れたのか?」と聞かれた。ちゃんとしたルートで調べていたので、「それに近い…」という返事をもらってからは、一日も早く辞めねばと思うようになり、今後の身の振り方として独立してフリーで仕事をしようと決心した。

フリーとなれば経営も理解せねばならないと、広告代理店に行って営業を身に付けようと思ったが、元々制作マンだったので、マスコミの営業関係とはほとんど付き合いもなく戸惑っていたところへ、ひょんなことから親戚の伯父さんから良いニュースが…。私の場合は本当に恵まれているのだ。

とんとん拍子に「オバQ」CM

広告代理店・第一広告社に移った1966（昭和41）年は、テレビアニメ「オバケのQ太郎」が大人気。社内会議で「取引先のビニール人形メーカーがオバQ人形も作りたがっている。何とかならないか」という話が出ました。営業担当者とともに訪ねると、そのメーカーのCMとオバQのアニメを制作していたのは同じ会社。しかも私が日本テレビ時代、人形劇番組で付き合いのあった制作マンがいたのでした。

「オバケのQ太郎」は全国的に人気を集めた。1966年、熊本市の上通商店街でのひとこま

　メーカー側は人形製作を申し込んではいたものの、営業的な接触ができずにいたところに私たちが入り、顔なじみの関係もあって話が進展。加えてこの人形のCM制作も決まりました。

　宣伝すればするほど商品が売れる時代。商品が売れればCM売り上げもうなぎ上り。社長が「大丈夫なのか、おまえ」とおびえるほどで、出来過ぎともいえる幸運。部長に昇格させてもらえました。

入社間もないころのヨーロッパ旅行でも点数を稼ぐことができました。男性ファッションディレクターが第一広告社の社長に資金援助を頼んだのがきっかけ。社長は繊維会社との取引開拓も考え、ファッション事情視察という名目で送り出してくれました。

先行していたファッションディレクターたちと香港で合流すると、ファッション番組の制作を考えているとのこと。「そんな話、聞いてないぞ」と思いながらも彼が連れてきたカメラマンをテスト。「見本を撮ろう」と持ちかけたところ、手ブレがひどいのです。当時のテレビカメラは大型で重く、持ち運ぶだけでも大変でした。

私のテレビディレクター経験を期待したのでしょうが「あれだけ震えていたら番組になりません」と衝突。社長には「何か成果を持って帰ります」と報告して、彼らとは別行動することになりました。

鉄道で1カ月ほどヨーロッパを周遊。ファッション先進地のヨーロッパ情報は重宝される時代です。パリかローマの靴屋で見かけた女性物サンダルや、喫茶店のテーブルウエアなど「日本の取引先の参考にならないか」と買い込みました。

帰国して第一広告社の担当者に合成皮革靴メーカーや喫茶店チェーンへ持って行かせると、相手方に随分喜ばれたそうです。特にサンダルは、日本向けに多少アレンジして発売され、ヒット商品になったと聞いています。

余録

私は運に恵まれていると思う。よく「棚からボタ餅」というが、ボヤボヤしていてはこのボタ餅、上から落ちて頭にぶつかりコブを作ることになってしまう。しっかり受け止めるには待ち構えていなくてはと思う。ここが勝負どころで、ここはしっかりと逃がさなかった。

それとより多くの、人や仕事に関係なく、今すぐ役立ちそうな人かどうかも気にせず相手の話を聞いてきたのが良かった。お酒がそれほど飲めないのに仲間とよく酒場に行きムダな話をする。このムダが後に役に立つのだ。

また世の中を斜めに見たり、反対意見に耳を傾けたりすると、今まで気がつかなかったものが見えてくる。これがエネルギーの源だ。

雑誌向け記事も手伝い多忙

広告代理店・第一広告社の仕事でメディア各社を回りました。映画配給会社からは「テレビ局向けに映画PR番組を作るのに、台本を書く人間がいない。書けるか」と打診。試写会に誘われ、日本テレビ時代に映画案内の番組も手がけていたので「できると思う」。

「俳優の組み合わせが面白い」「このシーンの外国たばこに注目」など、ポイントを絞って原稿化。３台のカメラで撮影し映写機も３台使う超ワイド画面の「シネラマ」など、このころは新しい映写方式がめじろ押しで、そんな特徴を説明するだけでも番組になりました。試写会の一般公開と来客アンケートなどという企画も提案しました。

現在はマガジンハウスという社名に変わった平凡出版では大学時代の同期生が「週刊平凡」のデスク。「人が足りなくて困っている。手伝えよ」と言います。扱っているのが芸能分野なので尻込みしたのですが、街ネタなら何とかなるかと引き受けました。風変わりな看板、街中で遭遇した事故の現場写真、新しい鉄道の開通…。そんな記事を専門にやる記者はいなかったので結構喜ばれました。

「便利屋がいる」と、平凡出版が扱ういろんな雑誌の編集部に伝わったのでしょう。それぞれから原稿を求められるようになりました。「平凡パンチ」では砕けた会話調の原稿を求められました。「知ってるか、新宿にできた飲み屋は面白いんだって」みたいな。1日置きぐらいに夕方、平凡出版社近くのホテルで記者からネタを聞き、翌朝には原稿を届ける段取り。原稿用紙が置かれたホテルの部屋に缶詰です。

捨てきれずにいた手帳類。読み返すと、スケジュールがびっしり

同じような原稿を、産経新聞社が東京での発行を準備していた日本初のタブロイド判夕刊紙「夕刊フジ」にも売り込みました。週刊誌で自分がやっていることは伏せたまま「これは大変ですよね。1、2ページどうですか」。先方は大阪本社から来た編集長が「いや、16ページ建てのうち10ページ」。日刊では、さすがにその分量はこなせません。ひとまず4ページでスタート。それがものすごい仕事量。1カ月ぐらい続けましたが「僕1人じゃ無理です」と申し出て修正されまし

た。

発刊の日には社員が手分けして駅の売店や電車の中で売れ行きや反応をチェック。販売部数は30万部。会社としては不満のようでしたが、私としては上々の滑り出しだと思ったものでした。

余録

男がフリーになって仕事をするということは、何か一つに仕事をしぼって大仕事をするというスタイルが多いが、私の場合はちょこまかと数多くの仕事をやってきた。平凡出版（現マガジンハウス）の「週刊平凡」「平凡パンチ」などのページ企画ものの取材、原稿書き、これにはカメラマンの仕事も。

「夕刊フジ」は創刊号の発刊からいろんなコラムを担当、カメラマンとしては「毎日グラフ」の写真寄稿。フジテレビ、文化放送などの番組、構成台本担当など、マスコミを中心としたもの。数多くやっていれば一つなくしてもたいして収入が減ることがなく、別の仕事を開拓すればやっていける危険手当みたいな感覚があったからだ。

テレビ・ラジオ番組を活字に

1969（昭和44）年に発刊された「夕刊フジ」での会話調記事は、分量的には大変。代わりに提案したのが放送番組の「再録」記事でした。ラジオやテレビで放送された内容を、可能な限り放送通りの言い回し、ニュアンスを生かしてダイジェスト化するのです。実際には「平凡パンチ」向けに既にやっていた仕事でした。

番組というのは放送と同時にそのまま消えてしまい、もったいないものです。家庭用VTRなどない時代、再録ならテレビを見た人も見損なった人も楽しめる。放送局も番組の宣伝になるのでありがたがる。勤め先の第一広告社にとっても取引先が喜んでくれるので有益。私はテレビディレクターの経験が生かせ、放送での迫力が残るまとめ方もできたので、割と簡単で、しかも重宝される仕事になりました。

具体的には番組を録音し、テレビの場合は1シーンを撮影して、それを台本さながらに書き直すわけです。朝と昼のワイド番組それぞれ1本、夜の娯楽番組から1本という具合。写真を2枚使うと結構なボリュームになります。

「夕刊フジ」でも始めると好評で、あちこちの媒体からも要望されるようになりました。既に掲載していた雑誌と競合する雑誌からも欲しがられ「同じ原稿を使われると、僕は仕事できなくなります」と断っても相手は必死、「とにかく下さい」。

「平凡パンチ」向けの芸能界や放送局の裏話みたいな記事なども含め、あの原稿この原稿と書きまくり、副業収入が数十万円と、第一広告社の月給の数倍になった月もありました。

会社のためにというよりすっかり雑誌社、新聞社のフリー記者という感じ。第一広告社に申し訳ないとも思い、71年秋、独立し有限会社「マイ・プランニング」を立ち上げました。プランニング＝企画で食べていけると思ったからです。事務所は池上線沿線の自宅の一室、資料調べや原稿を届ける使い走りの「社員」を1人雇ってのスタートでした。

仕事自体はそれまでの延長。雑誌向けフリー記者のほか、映像会社と組んでの芸能人の住まい拝見、温泉地紹介など短編番組制作、フジテレビの午後の

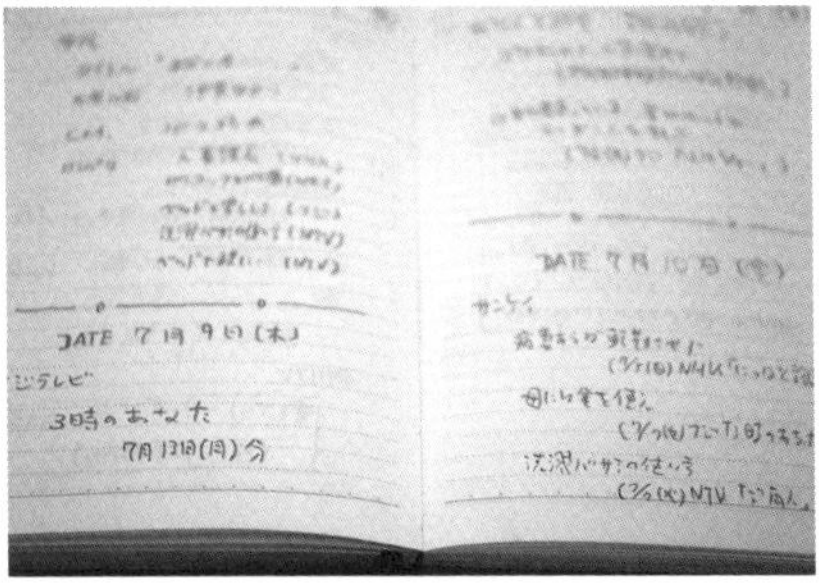

広告社勤務ながら雑誌向けに番組再録などさまざまな記事を書き、テレビ番組制作の手伝いもした（1970年の手帳から）

ワイド番組「3時のあなた」の企画などもやりました。手帳を見ると都はるみ、萩本欽一…取材先に売れっ子芸能人の名前が並んでいます。

余録

私はラジオの台本書きなどもしていたので、可能な限り放送に近い表現で活字化するのはお手のもの。活字の世界は「…である」調の表現が基本だったが、この再録はおしゃべり言葉。活字の世界にこれができる人間は私以外にいなかったので爆発的に仕事が殺到して、寝るヒマもないほどだった。

その他、毎日映画社から全国温泉めぐり、芸能人お宅拝見などのミニ番組制作で旅をしての取材などがあり、1週間のうち4日は東京を離れて仕事をしていた。

永六輔さんに褒められた批評

大学時代にのめり込んだ放送への意見を中心とした新聞や雑誌への投稿は、日本テレビ入社後は一段落していましたが、１９６３（昭和38）年、放送文化の発展を掲げて評論家やメディア研究者が作った任意団体、放送批評懇談会に入会しました。入社5年目、「キユーピー3分クッキング」を担当したころです。優れた番組や放送文化に貢献した人などにギャラクシー賞を贈る団体と言えば、ご存じの方も多いでしょう。

1972年の日中国交正常化直後、フリー記者として北京訪問団に加えてもらい取材した

片や作り手・送り手、片や批評家、一見利益相反するような仕事ですが、制作に埋没すると周りが見えなくなりがちなのを、外から見る立場も大事という動機でした。この会には後に、私のような制作マンの入会も増えました。

広告代理店の第一広告社時代には、懇談会の機関誌「放送批評」にもＣＭや番

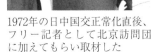

組の批評、番組制作権とスポンサーとの関係についての評論なども書くようになりました。71年にフリーになってからは会合にも積極的に参加し、理事も引き受けると「放送評論家」という肩書を背負うことになりました。

フリーになって2年目ごろ、読売新聞社から電話がありました。「ラジオ批評欄の前任者が急死したので後任を頼みたい」というのです。どういう経緯で私が選ばれたのかは知りませんが、ただうれしくて「お引き受けします」。週1回、書き続けました。

このころ、確か「文藝春秋」だったと思いますが、放送作家でもある永六輔さんがコラムで「よくあちこちの新聞の放送批評欄に投書している小松一三という人は、直接お会いしたことはないが、よく放送を聴き番組対象も幅広く、光る批評をしている」というようなことを書いてくれ、そのせいか読売ではテレビ批評も任せてくれました。

やがて民間放送連盟（民放連）の番組審査委員、NHKが母体の放送文化基金の番組審査委員にも選ばれました。その裏に、放送批評懇談会の理事長だった小谷正一さんの後押しがあったことを、随分たってから知りました。小谷さんは広告代理店・電通のラジオ・テレビ局長を務めたあと、大阪万博ではいくつかのパビリオンもプロデュースするなどメディア、PR業界の大御所。どこが気に入ってもらえたのか。会合などの隣の席で「それはあれだな、小松ちゃん」と気軽に声をかけてもらっていたのを思い出します。

余録

仕事が変わるのは常にきっかけがあるものだ。新聞のテレビ・ラジオ評欄に片っ端から投書していたのだが、これをよく読んでいた永六輔さんから、月刊「文藝春秋」の自分のコラムで、素人だが光る批評をしている人がいる、と褒めてもらったのがきっかけで、放送批評懇談会から「放送評論家」という肩書きをもらうようになり、生まれて初めて社会的に肩書き人間になった。

となると不思議なもので、放送批評懇談会で理事に推薦され、当時の理事長・小谷正一さんとも仲良くなり、会議で一緒になるばかりか、喫茶店にも行くようになり、雑談をする機会も多くなった。そうして○○審議会、番組コンクールの審査にも顔を並べるようになり、仕事の幅がぐっと広がった。

銀座のママの紹介でラジオへ

フリーライターの仕事はとにかくもうかりました。掲載先から提案される仕事は、自分もやりたいことだから引き受ける。それで息抜きに飲み屋街を練り歩くわけです。父のつてもあって銀座のクラブに出入りすることもしばしばでした。

クラブでは、ピアノをいたずらしたり、女の子の話し相手になったり。それが、あるクラブのママの目に留まったのです。社長さんたち相手の会話中心の接客なので「どういう話をすればいいか、ホステスさんたちに教えてほしい」。

そのうち、ママが「とにかくよくしゃべる人が来てる」と私のことを打ち明けた相手が、後にフジサンケイグループ代表になる羽佐間重彰さん。当時はラジオ局ニッポン放送の編成局長でした。「新聞に放送批評を書いてるやつじゃないか」と思い当たったらしく、直接私に声をかけ「やりたい番組があるから来い」と言われたのです。

テレビの普及が進み、ラジオは下火の時代。一方で商店街では街頭スピーカーでラジオ番組を流している所も多かったのですが、それに目を付け「地元密着の番組を流そう」という企画でした。

ラジオに出てしゃべる仕事なんて、もちろん初めてです。最初は羽佐間さんに「ご自身で出られたら」と抵抗しましたが「みんなに反対されて葬られる可能性もあるから、出るわけにはいかない」。「では」、と私が出した条件は「放送に手慣れた人を付き添いにしてほしい」。パートナーになったのは、CMなどで一世を風靡《ふうび》していたタレント天地総子さんでした。

1974（昭和49）年1月にスタートした番組は「あなたの街のラジオ局」。土曜の正午から2時間という枠で、2回目からは各地に出掛けての公開生中継。浅草近くの日本最大の調理器具専門店街「かっぱ橋道具街」や、大井競馬場などで突撃インタビュー。ほとんどアドリブで地元の人とのやりとりです。

ニッポン放送「あなたの街のラジオ局」で、ラジオ番組のパーソナリティーを初めて体験した

競馬場では「両替っていうけど、交換する手元金はどこから」などと突っ込むと、相手がしどろもどろ。「あのな、本当にそんなこと、聞きたいのか」。突っ込

みすぎて危なくなりそうだなとなると、ディレクターの指示で天地さんが「小松さん、時間だから～」。

本来、聴取率が一番低い時間帯。私自身は楽しんだのですが成績は振るわず、9カ月で番組は打ち切りになりました。

余録

高校時代から親父に誘われて、割烹《かっぽう》料理屋、銀座のクラブに入り浸っていた私なので、料理屋の仲居さんや、クラブのママとは顔なじみになっていて、日本テレビに入社してからもこうした所へよく通っていた。

普通ではなかなか会えない大企業の役職の人と昼ご飯を共にしてインタビューするなんてこともできたので、業界ウラ話を取材することもあった。仕事の面でも幅広く、深い取材となり、日本テレビの報道にも使われた。

そんな入り浸りから生まれたのが、ニッポン放送の羽佐間編成局長との出会いで、まさかラジオのしゃべり手になるなんて夢にも考えていなかった。

ラジオミニ番組を地方局へ

当時の東京としては異色のローカル志向ラジオ番組、ニッポン放送の「あなたの街のラジオ局」では、初めて自らしゃべる番組という体験ができました。このころ私は日本民間放送連盟（民放連）の番組審査委員なども務めていて、地方局のディレクターと番組をめぐって意見を交わすこともしばしば。顔見知りも増えていく中で、地方ラジオ局向けに東京の情報を伝える番組を思いつきました。各局が始めていたワイド番組対策で、短時間を埋めるコーナー、特に東京の情報は喜ばれると思ったのです。名刺をもらっていた関係者に片っ端から企画書を送りました。

地方ラジオ局向けのミニ番組で「公衆電話の取り忘れ10円玉」もネタにした。当時はダイヤル式でテレホンカードなどなかった＝現在の東京駅

「東京浮草通信」「東京便り」などという番組名で電話口で3分から10分ほど私自身が話します。

銀座の公衆電話に置き忘れられている10円玉がどのくらいあるかとか、アベックが多かった夜の公園で「のぞき」をしている側の人たちの挙動を実況リポートふうに録音しておいて流すとか。

時間帯はまちまちでしたが、ほぼ毎日どこかの局で流されるようになりました。ただ大失敗もありました。他の仕事で出張するときは宿泊先に電話してもらうようにしていたのですが、タイでバンコク郊外のパタヤに行ったとき、電話がつながらなかったのです。今でこそ観光地として有名なパタヤビーチも当時は回線が少なく、ふさがっていたらしいのでした。

そうしたご縁があったからか、ニッポン放送でやってみたローカル志向番組を「自分の局でやりたい」とBSN新潟放送から声がかかりました。地元局のアナウンサー1人で担当していた土曜午後のワイド番組で進行役を務めてほしいということでした。引き受けたのが「ハロー!ジャンボサタデー」。スタジオと電話や手紙での聴取者とのやりとりや、外を回るラジオカーとやりとりしながら音楽をかけるという、今ならどこにでもあるような4時間ほどの生放送でした。

新潟放送では「東京浮草通信」で、週1回は声を出していたのですが、聴取者の皆さんにはなじみの薄い存在。簡単に覚えてもらえる名前はないかとディレクターと相談していて思い付いたのが「アイ・ウエオ」。タレント風な名前でラジオに登場した最初です。ただ、仮名だと無責任な気がするようになって、それ以降はずっと本名で通しています。

余録

当時の審査委員の中で番組制作を経験していたのは私だけだったので、審査依頼を受けることが増えてきた。当時は地方も地元を大切にということで、その地域らしい番組開発を進めていた時期。それに合わせて、東京の情報を面白く伝えるミニ番組を開発し、地方局のディレクターを対象に「東京浮草通信」「東京便り」というタイトルで、電話による生の情報を送った。

当時の電話は音質が悪く声もガサガサしていたが、私の声は音域が狭く、電話回線が伝える音声とほぼ一致していたので、相手の隣でしゃべっているように鮮明に聞こえるらしく得をした。

富山ではテレビ番組出演も

私にとって初めての地方ラジオ局レギュラー番組、BSN新潟放送の「ハロー！ジャンボサタデー」には1976（昭和51）年4月から2年間出演しました。公開生放送で、広めのスタジオに数十人のお客さんが入ります。私とアシスタント、アナウンサーの3人にスタジオのお客さんや電話先の聴取者も交えワイワイガヤガヤ。時にはアナウンサーがラジオカーで県内各地からリポートもします。にぎやかな番組でした。

電波が届いていたのでしょう、お隣の富山県のKNB北日本放送から「うちでもやりませんか」。今度は日曜午後のワイド番組「それ行け！サンデー」。「同じ人間が出るのはおかしくないですか」とためらったものの、先方の「そんなことないです」に押されて引き受け、77年4月から出演しました。

日本民間放送連盟（民放連）の番組審査委員として講師を務め「全国ネットの垂れ流しじゃなく、地元に密着した番組で聴取者に身近に感じてもらえるようにならないと地方局はつぶれますよ」などと言い続けていた時代でもありました。

KNBはその秋から、今度はテレビで平日朝のワイド番組「おはようKNBです」もスタート。「そういうの作らなきゃ」と外野気分で話していたら、出演者のめどが立たないというのです。結局それも引き受けてしまいました。

それまでは金曜に新潟入り、土曜夜か日曜朝に富山に移って月曜に東京に戻る生活だったのが、ほとんど東京に戻れなくなりました。雑誌向け記事のネタは富山や新潟近辺で探し、地方局向けのミニ番組「東京浮草通信」は「東京」を外しました。民放連の番組審査のときなど年に数回は飛行機で東京に戻り、夜行列車で富山に入るという厳しいスケジュールでした。

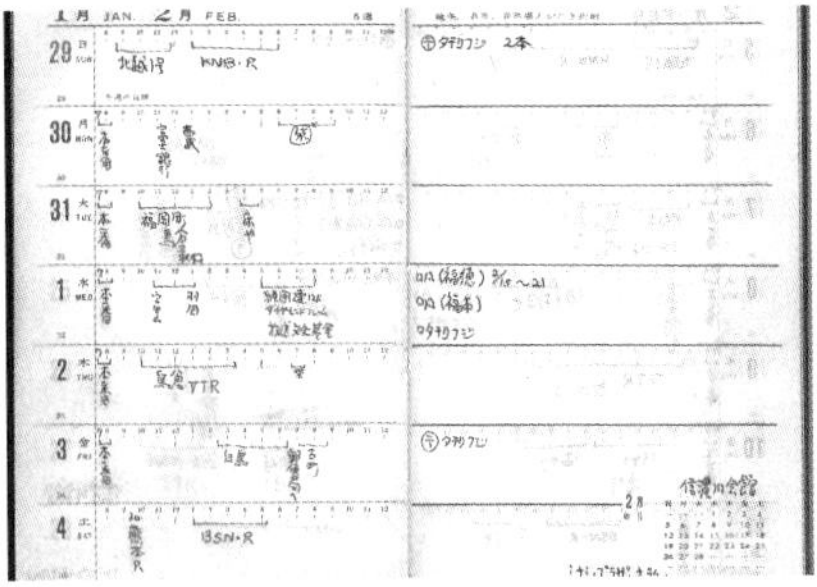

1978年の手帳。新潟と富山の放送局のほか、東京での仕事が入ることもあった

テレビ出演は衣装が大変。番組のターゲットの主婦層はそちらに注目しているようで「どこで買ったのか」などとちょくちょく問い合わせが来るのです。自前なので貯金はどんどん減ります。ある日、東京に戻ったときに問屋街での火事でぬれた衣類が安売りされていると知り、大量に買い込みました。番組で「きょうの背広は500円、ネクタイは…」などと焼け跡で仕入

れてきた事実を正直にしゃべったので、それ以降どんなに高い服を着ても「５００円のでしょ」と言われるようになってしまいました。

余録

私のメディア放浪の旅は、いつしかタレントへの方向へかじを取ってしまった。

〝企画〟を売りものにしてスタートした私だが、企画だけでは食べていけないのが世の中。企画した番組、記事などをやり、取材する人がいなければ手っ取り早く自分でこなす方が金になる、ということで、それをこなす生活になってしまった。

新潟にしろ富山にしろ、地域密着の番組作りに不慣れな地元の人では仕事にならず、その地に住みついて見本を示すうちに、誰もやり手がいないのでいつしか声を出す、顔を出すということに落ち着いた。

地元を知るにはその地域をくまなく歩き、顔と顔を合わせることでお客さんとより近い存在になる。何の商売でも同じだが直接お客さんの気持ちを肌で知る、これが親しさを生み、息の長い仕事になるのだ。

「ちょっとメキシコ」取材旅行

1977（昭和52）年から3年間のKNB北日本放送（富山市）時代、平日のテレビと日曜のラジオ出演となってから地元住まいを始めました。当初の週1日だけの滞在と違い、住めば地元の人と同じ目線で話ができるのが楽しみです。

行きつけの店で夕食を取っていると、顔なじみになっていた40歳前後の女性が「メキシコに演奏旅行に行く」と話してくれました。メキシコでギターを習い、現地でフォークロリコと呼ばれる民謡のバンドを作っていて、年1回の民謡祭りに参加するのだそうです。

メキシコ旅行の土産品は巨大なソンブレロ。現地では肩に掛けて踊る人たちも見た

同行取材を申し入れ、局側に「ちょっと行って来るから」と了承してもらって、79年2月、1週間の旅に出掛けました。番組出演は休みますが旅費は自前。こうした取材旅行では、著作権を主張するた

め私は常に自前を心掛けてきました。

メキシコでの彼女たちの演奏は、これも著作権の関係で本番は録音させてもらえませんが、全曲通しのリハーサルはOK。ギターも含め弦楽器だけの4人組で、首都メキシコシティー郊外の高級住宅地にある一室で取材とインタビュー、さらにメキシコ民謡8曲ほどを録音させてもらい、ラジオ番組用に貴重な音源ができました。

ホテルに戻った後、素朴で哀愁のある音楽に誘われて街に出ると、メキシコならではの小人数の管弦楽団マリアッチが華やかに演奏中。お金を払えば何でも歌入りで演奏してくれるというので、リクエストし、これも録音。

メキシコならではの体験をと、古代文明の遺跡も訪ねてみました。テイオテイワカンやアステカ、マヤなどです。太陽のピラミッド、月のピラミッド…。標高が高くて薄い空気の中、「デンスケ」と呼ばれた重いテープレコーダーを担いで動き回り、特定の場所で手をたたくと神の化身でもある謎の鳥「ケツァルコアトル」の鳴き声が聞こえるという実験にも挑戦して、これも録音。「こんな音が取れたよ」と、局のディレクターに連絡すると喜んでもらえました。何という神殿だったか360段の階段を上り、遠くにカリブ海らしき海を眺めることもできました。

現地で集めたさまざまな音源で、1時間のラジオ特番を組むことができました。
ただ、うすうす気付いてはいたものの、転機が待ち構えていました。

余録

ローカル局の地域密着型の番組開発の仕事をしていたのだが、週5日連続出演でストレスもたまり、くたびれてもいたので、息抜きに居酒屋へ通ったり、バーなどにも立ち寄っていた。
そんなある日、顔なじみになったお客さんがバンド、フォークロリコのメンバーで、近々メキシコに演奏旅行に行くという。めったにないことだけに、取材を申し込んだところ、快く承諾してくれたのでKNB北日本放送に1週間の休暇を申し出てメキシコへ。めったに行くことのない国だけに古代文明遺跡なども観光して回った。海抜の高いメキシコは空気が薄く、これも良い体験で、ストレス解消にもってこいの旅となった。

道端の空き缶に番組のヒント

放送批評家という立場では「地方局なのに大したものだ」と思っていたKNB北日本放送（富山県）のテレビワイド番組「おはようKNBです」でしたが、各地からの中継生放送も盛り込むなど経費はかさみ、台所事情は大変だったのも理解していました。多少は視聴率が上がってきていたものの、スタートから1年半後の1979（昭和54）年春以降は自社スタッフだけで作ることになり、タレント的立場の私はお役御免。そうした空気が漂っていたころ、RKK熊本放送から電話がありました。

熊本でラジオ番組を担当することになった＝1979年３月、上通の熊本日日新聞本社で

後にラジオ局次長になる玉木喜八郎ディレクターから「ワイド番組のパーソナリティーをやりませんか」とのお誘い。ディレクター向け勉強会などで「地方放送局は地元密着しなければ生き残れない」という私の訴えに共感していただけ

ていたのか、BSN新潟放送での「ハロー!ジャンボサタデー」のことも知っておられたそうです。

新潟の仕事は前年春で終わり、富山では平日毎朝のテレビは降板するものの日曜のラジオは残っています。東京に本拠を戻そうかと思う一方、「ローカルにこそ放送の本質がある」と信じていながら、一からやり直しというのも悔しく感じていたときでした。

熊本へはそれまで、放送局見学と番組審査で2回ほど訪れただけ。「駅から遠い街」という印象でした。熊本空港からバスに乗ると今の第1空港線の周りは畑や空き地ばかり。乗用車からだと見えないのかもしれませんが、空き缶がいっぱい捨てられているのが目に飛び込んできました。「これを番組に使えないか」。それで空き缶をぶつける音をタイトルコールにして、道端をきれいにしようと訴えることにしたのです。

引き受けた番組は「モーニング・ダイヤル」。午前9時から2時間の枠で、最初は火、水、木が私の担当。金曜に東京に戻り、土曜に富山に入って日曜に放送。その後、大阪で1泊して月曜に空路熊本入りという慌ただしい1週間を続けることになりました。

最初はホテル住まいでしたが、それではどうしてもよそ者意識がぬぐえない。白川沿いのマンションを借りて住み始めると、この年は猛烈に暑い夏。私は冷房嫌いなので

「熊本ではとても仕事はやれません」と音を上げましたが、玉木さんは「今年は異常。来年は違います」。確かに2年目は涼しい夏でした。

余録

　ＲＫＫラジオの仕事を始めたとき、一般の方々に名前も知られておらず、どこの馬の骨かも分からない時代だった。となればせめて企画で勝負せねばと思っていた。

　当時放送局からは私の一番嫌いな呼び名〝先生〟と呼ばれていたので、「熊本空港までお迎えに伺いますので、その車で局に入ってください」と言われたが、「一般人扱いにしてください。空港からバスセンターへ行き、そこから歩いてＲＫＫに行きます」と主張。こうしていよいよ熊本での仕事が始まったのは昭和54年4月のことだった。

　熊本にはまったく知り合いのなかった私。当然のことながら熊本のことは全く分からない。阿蘇は大分、天草は長崎と思っていた時代だ。

最初の仲間は４Ｈクラブ

ＲＫＫ熊本放送のラジオ番組「モーニング・ダイヤル」を担当するようになって最初に濃密な関係を持ったのが菊陽町の４Ｈクラブ（農業青年クラブ）の青年たち。「青空野菜市をするのでラジオカーのミミー号に来てほしい」と電話があったのがきっかけです。１９７９（昭和54）年の初夏だったかな。

ＲＫＫの公開イベントにも出演した。右は今も音楽番組を担当する江越哲也さん

私も現場に赴き話を聞きます。「この野菜、安いけど何を基準に値段決めてるの」「１日当たり何時間ぐらい働いてるの」。市場に出すより安くしていることや、暑い季節は昼に寝て、涼しくなってから働くと効率がいい、などと教えてもらう。「へぇーっ」。放送中は何が何だか消化不良。放送終了後に近くの喫茶店でさらに雑談です。「何に力、入れてるの」と聞くと「ニンジン。でも宣伝のしようがない」と言う。「生のニ

ンジン、甘くておいしいんです。酒のつまみにもなるんですよ」とも。また「へぇーっ」。野菜スティックですね。私は知らなかった。

富山のKNB北日本放送時代にも地元農業の現状を伝えたことがありました。「今、農業はこういうことです」と伝えるのが私の仕事じゃないか。そして提案したのが、今なら珍しくもないけれど、生産者の名前をビニール袋に書いて売ってもらうこと。それを私が買って放送で「売りに行きます」と呼び掛けると「うちに来てほしい」と主婦層の聴取者から誘いがかかる。安くて新鮮で泥付きの野菜はどんどん売れました。

4Hクラブの彼らと約束したことがありました。結婚式の進行役を無料で手伝うことです。披露宴は全部、自宅で行われました。昼に始まって終わるのは翌朝午前3時というのはまだいい方で、3日間続いたところもありました。そりゃヘトヘトですが、その場に来られた親戚の皆さんと仲良くなれて番組のファンを増やすことができました。

その5年前、ニッポン放送が東京でやろうとして失敗したローカル番組を、私は「東京ではエリアが広すぎて1千万人を相手にコミュニティーを意識して維持することは不可能」とみたのですが、その後に経験した新潟、富山、熊本で実現することができました。熊本では毎月1、2回は現地に出向いて生放送を心掛け、番組のファンを増やすと同時にラジオの効用を伝えることができたと思っています。

余録

「とにかく全県民に会おう」。そう決めた私は時間の許す限り、放送時間以外は市町村に住んでいる人に会うために出かけた。「お店」は誰でも入れるところなので、まずは魚屋さん、八百屋さん、すし屋さん、そば屋さん、理美容室、スナック、飲み屋さんなどを訪問し、ラジオをPRすることから始めた。

「明日から聞いてください。モーニング・ダイヤルをやっているのが私です。この声が必ず聞こえてきますから…」を決まり文句に、一日何軒まわったことやら。もう一つ実行したのが、番組内でやっている「ハッピーバースデー」でお祝いして紹介しますのでと、住所、氏名、生年月日、電話番号を、持参したカードに書き込んでもらうことだった。

狭い町で住宅の隣に大きな田んぼがあるのに、町の人と田舎の人の交流がない。そんな中のラジオ放送。実は農家のほとんどの人がラジオから身を離さず、一日中ラジオを聴いていることが分かったのだった。

交流の場にと喫茶「ボイス」

1981（昭和56）年、喫茶店を開きました。熊本市山崎町のRKK熊本放送本社前。副収入を当て込んだわけではありません。こういういきさつなんです。

RKKラジオ「モーニング・ダイヤル」のスタジオ。右端が私。1981年7月撮影で、この年3月、喫茶「ボイス」を開いた

RKK朝の「モーニング・ダイヤル」を担当し、ファンを増やそうとスタジオに聴取者を入れる提案をしました。暴漢への警戒などで部外者を入れるのは禁止だったのですが、就任間もない水野重任社長に直談判。「机の下にこん棒を常に用意しておきますから」という条件で認められました。

番組で告知して2週間ほどすると来客もじわり。消防団、婦人会、学校の社会科見学の小学生たち…。ただ、放送の合間では会話もままならず、交流できる場が欲しいと思い始めたところにRKK向かい側のビルの1階に空室ができ、借りることにしたのです。

RKKの関連会社が事務所にしていた部屋で、机と椅子を置いてお茶を飲めるようにはしたものの、やはり殺風景。事務所向け物件でしたが、家主さんと交渉して改装。仕事で知り合ったコーヒー企業の協力を得て、コーヒー&レストラン「ボイス」が誕生しました。

スタッフは、番組絡みで県内を回っているうちに知り合った阿蘇の漬物屋のお嬢さん。熊本市内の大学生で「何か仕事があれば」と聞いていたので声をかけ、引き受けてくれたのでした。料理は私が夕食などで通っていた新屋敷の山菜の店「せつこ」を手伝っていた女性2人が「午前中なら大丈夫」と手助けしてくれ、おにぎりを中心とした和食にコーヒー付き500円というランチメニューも用意できました。

私自身は放送の前後に顔を出します。スタジオを訪れた人との交流の場という狙いで開いた店でしたが、むしろ近くの企業の社員たちが愛用してくれるなど、新しい人たちと知り合う場にもなりました。

近いせいか、毎日のように通ってくれた日銀熊本支店長もいて「ラジオ聞いてるよ」のひと言をきっかけに経済談議をする仲になりました。CM関連の仕事で地元企業とお付き合いすることも多かったので「支店長が付き合うのは大企業ばかりだから、日銀短観は熊本の現実とずれている」などと憎まれ口を利いたこともありました。

ただ、台所は火の車。15年ほど続けた店は、熊本を一時離れることになったときに閉めました。

余録

タレントという立場からその名を使ってひと儲けしようと思って喫茶店を開いたのではない。あまり知られていない私は、少しでも多くの人とちょっとの時間を利用して交流できればと、ラジオのスタジオに誰でも入れるようにして放送を始めていた。しかし、一般の人からすると放送局というのは〝敷居が高い所〟というイメージが強いのか、思うように人が集まらないのだ。そこでお店であれば、気軽に入れるイメージで人も集まるのではと思って開店したのが「喫茶ボイス」だった。

〝店〟ということでラジオを聴いている人に限らず、いろんな人が出入りするようになったのは思ってもいないことだった。

東京に帰るつもりが「待て」

新潟、富山、熊本と2、3年ずつ放送に携わり、RKK熊本放送のラジオ「モーニング・ダイヤル」もやがて丸3年。番組であちこちに出かけ、仲間も増え、すっかり熊本に根を下ろしかけていました。しかし、春の番組改編で降板することになりました。どこの地方局も東京制作の番組中心だった中、地元密着型の番組開発をとお手伝いしたのですが、〝潮時〟だったのでしょうか。

KKT「ライブ・オン・ジョッキー」でアシスタントの中村美和子さんと

今度こそ東京に戻ってゼロからやり直そうと思っていた矢先、RKKにいた私に日本テレビ常務の田川融さんから電話があったのです。日テレ入社当時の営業課長。担当番組のCM確保などでお世話になっていました。「何ですか」と聞くと「オレ、近々熊本に行くんだ。熊本県民テレビ（KKT）に。おまえが熊本にいるって聞いたんで」と田川さん。

「東京に帰りたいんですがね」と言うと、田川さんは「待て。義理ってもんがあるだろ」。テレビ局って徒弟制度みたいなところがあって、義理と言われるとつらい。「おまえ、義理で（熊本に）残れ。家も収入もこっちが持つ。昼飯は会社で食え」

RKKの番組を降板すると同時にKKTに移ることになりました。実際にはKKTの開局準備段階から携わったので、掛け持ち。

会社設立のお披露目の席だったか、司会進行役を担当させられ、広告代理店の人からは「何でRKKの人が来てるんだ？」という声も聞こえてきました。熊本市世安町のKKT社屋に通う際、乗ったタクシーの運転手さんから「小松さんは冷たい人だね。3月までRKKの仕事をしていて、平気でKKTに移るなんて」と言われ絶句したのを覚えています。

KKTの開局早々に出演したのは「ライブ・オン・ジョッキー」。7月スタートで平日の正午前、15分ほどの番組です。ローカルニュースに毛が生えたようなミニバラエティー。視聴者のリクエストに応えて、私がスタジオの白いピアノを弾いたり、「好きな食べ物」などのテーマで募集したはがきを紹介したり。ちょうど「絵の付いたラジオ」ですね。いろんな売り上げベストテン、喫茶店紹介などミニコミ紙的な内容や、地元歌手に歌ってもらったりもしました。この番組、翌年の春まで9カ月続きました。

余録

ここに書いた通り、東京へ戻るつもりだったが、新テレビ局開業のため、元日本テレビ時代の先輩3人が東京から熊本へ転勤となり、やってくることになったので、先輩の顔を立て東京へ戻れなくなってしまった。

突然の電話は昭和57年の1月初旬のことだった。その電話の主は私が日本テレビに入社したてのころバリバリの営業マンだった田川課長。「小松クン覚えているか、日本テレビの田川だ、今キミは熊本にいるそうだな？」「ハイ、でも4月から東京へ戻ろうと思ってます」「それ次の仕事が決まっているということか？」「イイエ」と答えたことで運命が決まってしまった。

うそも方便、「ハイ、東京の広告代理店への入社が…」なんて答えてたら、今の私はなかったのだ。

後発局の認知度アップ探る

１９８２（昭和57）年に開局したＫＫＴ熊本県民テレビは後発なので、その存在を知ってもらうと同時に地元スポンサー開拓が最大の目標でした。開局当初はタレント的に使われた私も日本テレビ時代の先輩でＫＫＴ副社長になった田川融さんから「プロデュースプランナー」という肩書をもらい、「インフォマーシャル」という形式の番組を提案しました。

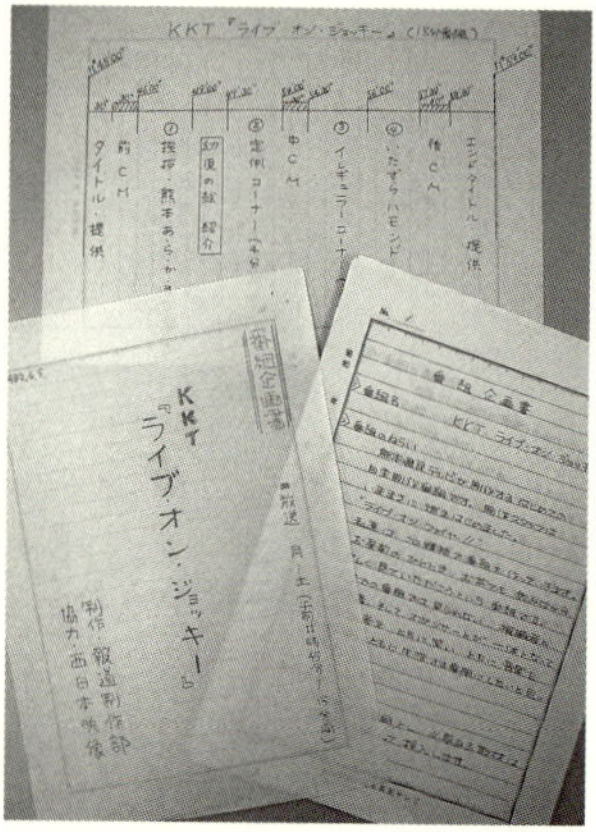

ＫＫＴで携わった自主制作番組「ライブ・オン・ジョッキー」の企画書。視聴者との交流のアイデアを詰め込んだ

いずれスポンサーになってもらいたい企業を片っ端から取り上げて、その会社やそこで作っている商品を紹介する情報番組です。15分枠で1社当たり約5分ずつ。同じ内容ながら、紹介する企業の順番を入れ替えて1カ月に4回放送という趣向。記憶にあるのはこんな内容です。ある製薬会社の栄養ド

リンクの売れ行きが芳しくないというので思い付いた構成でした。

熊本担当の6人の営業マン全員に出演してもらい、「取引先に『今度、私がテレビに出ます』と言ってください。信用してもらえなかったら『もし本当に出ているところを見たら買ってください』と頼むのです」と仕掛ける。本当に放映されるのですから、もちろん営業マンの勝ち。ただ、1回限りの放送では取引先は見ないかもしれない。数回繰り返して放送すれば、どれかは見てもらえるだろう。その内容は、栄養ドリンクの旗を掲げた営業マンたちが、CMソングに合わせて川の土手を行進するというたわいないものですが、ユーモラスに描いているので視聴率アップ、チャンネルの認知度アップにもつながる仕組みでした。

自動車ディーラーの場合は、新車発表会をドラマチックに構成して印象深いものにするなど、それぞれかなり工夫しました。この番組「くまもとアラカルト」は、お昼のニュース前の見やすい時間帯の放送でした。

このほか、視聴者が無料で提供する不用品でフリーマーケットを開いて中継したり、スタジオの白いピアノを弾いてみたい人を募集したり、そのピアノを使っての音楽教室の発表会を開いてもらうなど、KKTを身近に感じてもらえる企画を次々に展開しました。

視聴者とのコミュニケーションを密にしようと、阿蘇内牧で開かれたゲートボール大会に協賛して優勝カップや記念品を配ったりなど、人気のある催しに参加し、ＫＫＴの存在を印象づけることに首を突っ込んでいきました。

余録

熊本では、ＲＫＫ熊本放送とテレビ熊本（ＴＫＵ）の2局が先行して放送していたところに、日本テレビ系の熊本県民テレビ（ＫＫＴ）が開局することになり、実績がないだけにスポンサー開拓でかなり苦戦を強いられる状況だった。制作マンでタレント的存在だった私が開局の手伝いをする、しかも3月にＲＫＫの仕事が終わり4月からＫＫＴの仕事を手伝うという慌ただしさ。そのため狭い熊本だけに、前にも紹介したように、いろんな人にいろんなことを言われた。そういうわけで、スポンサー開拓は、複雑な気持ちを持っての仕事となってしまった。

県の広報ラジオ番組を衣替え

ＫＫＴ熊本県民テレビで企業を紹介する番組「くまもとアラカルト」制作を続けていたころ、ＲＫＫ熊本放送の営業担当者から声をかけられました。県の広報ラジオ番組を衣替えすることになったので制作マンとして担当してほしいというのです。１９８４（昭和59）年春のことですから、その前年、知事に細川護煕さんが就任した影響があったのでしょうか。

五木村を訪ねラジオドキュメンタリー番組の取材も。ＲＫＫのディレクター（右）と

ＫＫＴの仕事をしているので遠慮しかけたら「営業の制作なので問題ない。あなたに決めたからやってくれ」とのこと。出演するのではなく、プロデューサーとして企画・構成を担当するのです。「すぐに打ち合わせに入りたい」と１週間後ぐらいには県庁職員も交えて会議に入りました。

毎朝５分ほどの番組でした。県側が準備した原稿をアナウンサーが読むだけの「お知らせ」を、どうしたら面白く、聞いてもらえるようにするか。「催しをする県の担当者、お知らせ原稿を書く本人がスタジオでしゃべっては」と提案し、最終的には女性タレントにしゃべり言葉で話させることにしました。とはいえ、もともと役所の原稿ですからそう簡単には語りになりません。最初の2、3カ月はギクシャクしました。

そこで一計を案じたのは、そのお知らせ内容の原稿を書く担当者に直接、女性タレントがインタビュー、取材するやり方でした。「この事業って、どういう意味なんですか」「去年の予算は」などと突っ込むわけです。場合によっては1回の放送時間枠には収まらず、「この続きは明日もお伝えします」。

こうなると県庁側も慌てます。例えば一つの部なり課なりで1日ずつという具合に想定していたのが崩れるわけですから。でもそんなこと知ったこっちゃない。私としては聞きやすく、分かりやすい番組になったと自負しました。BGMとして山鹿灯籠の「よへほ節」もつけました。

タイトルを「ふれあいくまもと」と改めたこの番組、RKKの番組審議会で87年度の年間選奨番組に選ばれました。番組の質向上を目的に、スポンサーに感謝状を送る賞ですが、録音編集室にいたら「金一封が出ている。すごいことだよ」との連絡。作り手としてこんな賞をもらうのは初めてでした。
ただ、何年か続けた後、県の担当者が変わったかららしいのですが、企画・構成も変わってしまいました。

余録

KKTの仕事を手伝っている時に、RKKから県の広報番組に協力してほしいと依頼があった。久々の制作マンとしての仕事。県の広報番組ほどつまらないものはないと思っていた私は飛びついた。使う言葉も官製言葉で、一般人には分かりにくいものがいっぱい。これが聞き手として興味が向かない原因の一つ。例えば新しい道路が開通したとき「○○道路が供用開始になります」と言うが、何で「開通になります」と言わないのか。こうしたことを改善し、聞きやすくした。また書き言葉を読むのではなく、全ておしゃべり言葉で番組を作ることで、聴取率もアップしていった。それが認められ、局内の番組審議会から金一封をいただくことに。勉強嫌いな私がこんな賞をもらうなんて考えてもいなかった。

同窓の縁でショッピング番組

1984（昭和59）年5月のことでした。熊本市内で成蹊大の同窓数人で飲んでいたところ、後輩の石田明雄君から「相談したいことがある」。石田君は東京の百貨店伊勢丹から、熊本の県民百貨店のルーツである岩田屋伊勢丹への出向組。翌日、職場に訪ねると「ラジオでショッピング番組をやりたい。鶴屋百貨店より前に」と言うのです。

ＲＫＫ熊本放送に話すと「その番組の代わりに、他の番組へのＣＭがカットされるのでは」という点が気掛かりだということです。石田君に確認すると「ショッピング番組は、岩田屋伊勢丹自体のＰＲのためで、通常のＣＭ予算とは別枠」と確約してくれてゴーサインが出ました。

この番組、8月にスタート。月曜から金曜までの毎日、午前10時の開店と同時に売り場から10分ほど生中継。店側が売りたいという商品をあれこれ紹介し、店側の特設電話で申し込み受け付けという仕組みです。記憶にあるのは何の変哲もない枕。もちろん百貨店が扱うのだから質はいいのです。ただ、ラジオですからモノは見えない。どうして売ったものかなと考えて思い付いたのが「夢見枕」というキャッチフレーズでした。「心地いいので、いい夢を見ることが増えるかも。いや、夢の中で浮気できるかも。どうです、奥さんがた」

これが当たったらしく、店側で準備していた在庫では間に合わず、急きょ系列の伊勢丹や福岡の岩田屋から取り寄せて確保したということでした。ほかにも日の丸を半額で1人10本までというのもありましたね。

熊本市の百貨店・岩田屋伊勢丹のショッピング番組を手掛けた（写真は1979年ごろの同百貨店）

放送を使った通信販売は全国的にはその10年ほど前から始まっていましたが、地元企業によるラジオでのショッピング番組は初めてだったと思います。担当してみて思ったのは、オーバーな表現はウソになりかねず、しかし楽しくなければ注目されず、モノが見えないラジオでいかに耳を傾けてもらうかを考えるのは一苦労ということでした。

岩田屋伊勢丹はラジオショッピングの好調に気を良くしたのか、やがてテレビでも、という話になり、ＲＫＫだけでなく、県内の他のテレビ局でも特別番組をやったりしました。桐《きり》のたんすでは、引き出しを押し込むときの「スッ」という音がきちんと出るよう、顔なじみだった技術の人に頼み、集音マイクできちんと再現してくれました。

余録

熊本をはじめ、九州各地で母校の成蹊大学卒業生が活躍。九州成蹊同窓会が結成され、年に1回各地で同窓会が開かれていた。

熊本での私はタレント的存在なので、売名行為になりかねないかと参加をためらっていたが、昭和59年、「同会の会合に1回くらい参加してみては」とお誘いがあり、顔を出した。当時の岩田屋伊勢丹に、先輩の石田さんが立場ある役職で転勤して来た際、「熊本でラジオショッピングを始めてみたい」という提案があり、それがきっかけで「ラジオショッピング」が開始された。

ぐずぐずしていたら鶴屋に先を越されるので一刻も早く取かかりたいというのが本音。開始当初からかなりの反響があり、石田さんも提案者としてホクホク顔だった。

ローカル色徹底「ラジオ村」

県の広報ラジオ番組やショッピング番組を手掛けていた1985（昭和60）年ごろ、RKK熊本放送の玉木喜八郎ディレクターから声をかけられました。その6年前、朝のラジオワイド番組のローカル色を強めたいと、担当者として私を熊本に呼び寄せたのが玉木さん。今度は「くまもとTODAY」というタイトルで放送されていた午後のワイド番組を、やはりローカル色豊かで親しみの持てるように変えたいので企画を考えてほしいということでした。

地方ラジオ局は、多かれ少なかれ東京発のスポンサー付き番組を使っていますが、だんだん地元スポンサーを取り込む自主制作番組を増やし始めている時期でした。玉木さんの狙いもそこにあったようで、「熊本――」の番組タイトルながら実際にはネット番組の継ぎはぎで地元の情報はほんのわずかだったのを、変えようということでした。

まずは番組名。最初の案は「こちら熊本県ラジオ村」。ところが玉木さんは「小松さん、RKKラジオの電波は一部地域ではあっても九州全県に届いていて、聴取できるのは約400万人もいるんです。前向きに、大きな考えでいかないと」と言われます。そこで決まったのが「こちら九州ラジオ村」でした。

番組が育ち定着するには特色が必要と、独自のテーマ曲も考えました。音楽仲間で熊本市のライブスポット「ぺいあの」のオーナー中山正直さんが「村のイメージだから音頭にしよう」と作曲してくれ、歌詞は私が担当。歌ったのはスナックなどで顔なじみになった同年代の男3人を加えた5人。ちょっとお酒を飲んだ勢いで、ぶっつけ本番で録音、今も使っています。

番組のシンボルの鐘はマイクスタンドにぶら下げた。スタジオを訪問してくれた男の子と

シンボルになる「音」も欲しくて、熊本市内の古道具屋を回り、鐘を探しました。高さ20センチほどの適当なのをやっと見つけたと思ったら、タッチの差で売約済み。熊本市上通のスナックのマスターで、お客さんが歌うとき自らアコーディオン伴奏をつける大島日出男さんでした。店を訪ね、譲ってくれと頼んでも受け入れてもらえない。「では、貸していただくのはどうでしょう」。大島さんは「家に置いて

おくと鳴らすことはできないが、番組で毎日鳴らしてもらって〝あれはオレの鐘なんだ〟と自慢できるのがいいね」と了承してくれました。この鐘の音も、今も番組で使っています。

余録

私の場合はフリータレント、フリーアナウンサーとして熊本にやって来たので、知り合いはごく一部の人だけ。あとは全く知らない世界。もちろん熊本についての知識もほとんどないので、ラジオをやりながら勉強しなくてはいけなかった。

〝小《こ》松《まつ》一《いち》三《ぞう》〟という名も知られていなかったので、放送以外の時間を使って県内を歩いたり、車を使ったりして、お店訪問して番組の宣伝をして回った。東京ではとても広過ぎてこんなことはできないが、熊本ならできる、ということで、雨の日も風の日も、時間がある限りグルグル回った。

初めのうちは反応が鈍かったが、時間とともに反応が増え、放送で「明日のあなたの家の気温と天気を教えてください」と呼び掛けたところ反響があった。今も同じ考えで放送を続けている。

出掛けて集めた番組のファン

ＲＫＫ熊本放送ラジオの午後のワイド番組「こちら九州ラジオ村」は、以前「モーニング・ダイヤル」を担当したときからの狙いだった地元密着をさらに徹底させようと思いました。

初めてのローカル局体験であるＢＳＮ新潟放送で、ディレクターから「新潟県人は全員タレントだと思ってください。話を聞いて面白くない人はまずいません」と言われ、一般の人を登場させることが楽しさを広げると受け止めました。熊本でも多くの人に参加してもらわなければ。

単に「ご意見を募集します」では、なかなか返事は来ません。それでテーマを決めて電話を待ちます。「モーニングー」時代と記憶がごっちゃになっているのですが、「今朝は何を食べた？」「何時に起きた？」などから始めたのかな。「今の天気と気温を教えてください」は、みなさん互いに関心があるんでしょうね、本当によく電話をもらえるようになりました。

あれは番組も定着した１９９１（平成３）年の台風19号のときだったか、よく電話をいただいていた鹿児島県出水市の人にこちらからかけると「今、雨戸を手で押さえていて…」という話。すぐに島原の人から「大変です、大変です。ガラスがガタガタ、2階が揺れる。すごいです。さよなら」。一方で西原村の人は「いい天気ですよ」。

雷が通り過ぎていく様子が、電話をくれた方の住所を地図に描けば分かるという経験もしました。熊本市神水の人が「変電所に落ちました」。こんなふうに、情報伝達手段として生放送の持つ効果を実感したものです。ラジオが生活の一部になっていれば、本当にみんなの役に立つのだと。

「ラジオ村の村長」としてイベントに招かれる機会が増えた。人吉市の峰の露酒造（現在は繊月酒造）の「繊月まつり」で

それから、番組の枠は2時間半ですが、ネット番組などが織り交ぜてあるので自分でしゃべっているのは合計30分程度。時間があるので番組にいただいたお便りにせっせと返事を書きました。これは尊敬する永六輔さんがやっていたのを見習ったのです。

放送時間以外には、お便りをいただいた方々を訪ね歩きました。老人会や婦人会、隣組の集まり、地域のお祭りなども聞き付けては訪ね、田んぼだろうが漁港だろうが人のいる所に首を突っ込んで県内各地に顔なじみができました。そこで聞いた話は、また番組で紹介するという繰り返しで、じわじわと番組のファンを増やしていくことができたと思います。

余録

「ラジオのお客さまを集めるには、地元に出掛けて顔と顔をつき合わせて親しく会話をすること」というのが私の基本的な考え方だ。なんの商売でも一緒だが、デパート会員のごとく会員登録してもらって会報を通じて親しさを増すのも手だが、ラジオの場合は音の世界だけに、顔を合わせ、できればせめて年に1回交流して、より絆を深めてこそがっちりとファンをつかまえられると私は思っている。

そこで番組を始めて5年くらいは月1回の手書きの新聞を作り、時間の許す限りポストに入れて回った。2~3千部ぐらいで、印刷文字は親しまれるように薄い茶色にし、配るときは自家用車の屋根にスピーカーを付け、ラジオ村のテーマソングを流して回った。時にはその音を聞いて店や自宅から何人かの人が飛び出してきて手を振ったり、その場でしばしの井戸端会議が開かれ、その内容を番組に反映させたりした。

「村長」のまんじゅう、焼酎…

番組名が「こちら九州ラジオ村」なので、そこでしゃべる私は「村長」の肩書。暑がりで足に汗をかくので、げた履き。トレードマークにするつもりはなかったのですが、あちこちにその格好で顔を出すうちに「げたを履いた村長さん」が定着してしまいました。

番組の中では電話のやりとりもままなりません。自宅に誰でもかけてもらえる電話を開設。「村役場」という触れ込みです。深夜にかけてきた相手が「本当に出るんだ」と言ったときには「このヤロー」と思ったりもしましたが、親密さを深めてもらうきっかけになったと思います。

前回書いたお便りへの返事や、どこにでも顔を出したことなども手伝ってファンがどんどん増えていきます。旭志村（現・菊池市）の酪農家は「牛乳のおいしさを知ってほしい」と搾りたてを輸送用牛乳缶で、RKK熊本放送に直接持ち込んでくれました。「缶は持ち帰るのでみんなで分けてください」とのことで、守衛さんを中心に数十リットルを社員食堂の容器などに移し替えるドタバタも。「長距離輸送で月に1度熊本を通るときは、いつもＲＫＫを聞いている。一度、村長さんに会いたくて」と大型トレーラーで乗り付けたドライバーもいました。

熊本市の菓子メーカー一休本舗さんは焼き印で「村長さん」の文字を入れたまんじゅう、人吉市の峰の露酒造（現・繊月酒造）さんは「村長さん」ラベルの焼酎を出されました。熊本市の米菓メーカー木村さんは、私がせんべい好きだからと「村長さんせんべい」。

熊本市の菓子メーカー一休本舗さんは、「村長まんじゅう」をつくってくれた（1990年12月）

ＲＫＫの報道取材陣が五木村の林道工事現場に行き「村長さんが来た」と勘違いされて困ったという話も聞きました。

番組のテーマ曲「ラジオ村音頭」に合わせて、各地の夏祭りで踊る人たちもいました。決まった振り付けはないので、それぞれ勝手に踊るのです。１９８５（昭和60）年の番組開始から数年ほどのことでした。まさか、そんなに〝輪〟が広がるとは思っていませんでした。

ある日、小学生の男の子がスタジオに見学に来ました。机の上に、お茶とお菓子がごろごろ転がっているのを見て「それで村長さん、ホントに仕事してるの？」。仕事というより、聴取者参加の遊びの場として、皆さんに受け入れられたのかもしれません。

余録

聴取者に親しまれる、普段の生活の一部になるラジオ、これに命を懸けている。従って番組のスポンサーの方々にも「村長さん」と文字の入った商品を作ってもらうなどの協力をお願いし、いろいろと応えてもらった。ありがたい話だ。こうして「ラジオ村」は一般人の生活にどんどん浸透していった。

当時スタジオでの生放送の番組の7割から8割くらいが、大手の全国スポンサー付きだったので、机の上にはスポンサーからの差し入れの飲み物と茶菓子がいっぱい。生放送中、ヒマなときは大好きなせんべいをポリポリ。ある日、うっかりせんべいを食べているときにおしゃべりをしなければならなくなり「すみません、今おせんべいを口に入れたばかりなので…」と、せんべいを食べ終えてからの放送となったこともあった。

有線TV経験、ラジオ村終了

熊本市の有線テレビ・熊本ケーブルネットワーク（KCN、現在はジェイコム熊本）にも1991（平成3）年12月から2年半ほど出演しました。きっかけは局の見学でした。

ケーブルテレビ局なるものがどんなものか。一定程度の自主制作番組を流さなければならない仕組みのようでしたが、放映するのは録画の繰り返し。「このままじゃ、見てもらえないのではないか」。数日後に企画書を届け、スポンサー集めもしました。KCNの配信先はガソリンスタンドやラーメン屋、理髪店…、棟ごと加入のマンションに住む経営者もいましたから、合わせて30数社に1カ月数千円で引き受けてもらうことができました。

「小松一三の気ままなテレビ」というタイトルで月－金の午前9時から3時間の生放送。内容は、複数の新聞を読み比べる「朝の新聞から」、加入者と電話で話す「電話でおはよう」、熊本市内の催しを紹介する「街かどインフォメーション」などです。

新聞の読み比べは学生時代からの得意技。批評家魂が頭をもたげ、同じネタでも各紙で扱いや論調が違うことにも触れました。今でこそ在京テレビ局もやっていますが、四半世紀前では画期的だったと自負しています。ただ、大きな事件のときなど時間を取り過ぎ、例えば幼稚園児たちの絵の紹介など、協力先に伝えていた予定が狂って苦情が寄せられることもありました。

「ラジオ村」のスポンサーだった水俣・湯の児温泉の三笠屋旅館を訪れた福島譲二知事（当時、前列右）と

「タダでいいからやろうよ」と持ち掛けた私自身は無報酬での出演。局にとっては若干の黒字でした。

ＲＫＫ熊本放送の「ラジオ村」は、番組の生みの親でもある玉木喜八郎ラジオ局次長の定年退職に合わせ、95年6月いっぱいで終えることになりました。

韓国・ソウル取材の予定があり、最後の数日は出演できないまま。それでも番組のファンから、ＲＫＫのロビーを埋め尽くすほどの花束が届けられました。そうしたファンの中で顔を合わせることができたのは、「モーニング・ダイヤル」時代からの仲間で、番組終了の数日前に訪ねてきてくれた菊陽町の４Ｈ

クラブの面々でした。

聴取率はそれなりに高かったようです。ただ、東京制作のネット番組中心という構成は大きくは変わらず、当初の狙いだった地元スポンサー開拓、地元枠拡充は道半ばというところだったように思います。

余録

熊本ではいろんな実験もした。私のモットー「当たり前って本当ですか?」のもと、テレビ、ラジオの番組は現在放送されているスタイルのものしかないのだろうかという疑問を持ち、熊本にある有線テレビ放送会社に「小松一三の24時間テレビ」という企画を持ち込んでみた。やれるところまでやってみようということで、「小松一三の気ままなテレビ」が月－金での放送をスタート。内容は、朝日、毎日、読売、サンケイ、日経、西日本、熊日など、各新聞の読み比べ。その他、テレビカラオケコーナー、幼稚園などから借りた絵を紹介するコーナー、双方通信ということで聴取者の家と電話をつないで、家から見えるもののレポートなど、かなりバラエテイーに富んだもので、まさにコミュニティー放送そのものだった。

福岡に呼ばれ八代にも呼ばれ

福岡のKBC九州朝日放送の役員から「福岡で新しいラジオ番組を作りたい」と誘われていました。RKK熊本放送の「こちら九州ラジオ村」を見学に来られた際だったと思います。

生放送を、それまで実現できずにいた朝9時までの時間帯に入れたいとの意向でした。1995（平成7）年6月で「ラジオ村」が終わり、引き受ける旨を伝えると、生放送は社内事情で厳しかったらしく「録音でやってもらえれば、すぐにでも始められる」。

その秋、KBCラジオ午後のワイド番組の中で、福岡県内各地をリポートする短い番組を担当。96年春から「朝はラジオ色」という早朝の番組をスタートさせました。KBCの録音スタジオで、土曜日に翌週の前半3日、水曜に残り2日分を収録します。ディレクターもフリーの女性、すべて外部スタッフによる制作。

内容は、かつて熊本ケーブルネットワークでやった新聞の読み比べが中心。福岡で読めるすべての新聞からピックアップしての紹介です。ネタは2、3日遅れになりますが、日常生活にかかわるものを取り上げるので、それほど差し障りは感じませんでした。

ただ、局内の反発は強かったようで1年しか続けられませんでした。その後、福岡・天神付近のビルの駐車場管理もしました。朝7時から夜7時までか、その逆かという2交代勤務。このころ自宅は御船にあり、福岡ではビルの空き部屋を寝るだけのために借りました。

エフエムやつしろに出ていたころ、八代市本町商店街の活性化イベントのお手伝いもした

たまにはまとまった休みがもらえ、やたらと海外旅行に行きました。旅行代理店と顔なじみになり「キャンセルが出たので、今夜出発ですが、どうです」というツアーにも、ホイホイ出掛けました。

そのうち、八代市のエフエムやつしろから電話。97年の開局の翌年だったと思います。スポンサー開拓も兼ねての番組開発を頼まれ、ここでも「こちら九州ラジオ村」のタイトルを使いました。私の企画ですから使用は構わないはずですが、RKKにはひと言、お断り。1人で8時間を受け持つ番組も体験させてもらいましたが、局側と意見がうまく合わないこともあって1年半で降板。

そして山鹿市で喫茶店を開くことになりました。熊本市山崎町での「ボイス」は福岡の仕事をする際に閉めていましたので、5年ぶりの喫茶店です。

余録

「ラジオ村」が終了した後、福岡KBCの役員の方から、早朝の生ワイド開拓の相談があった。KBCは組合との関係で朝9時までワイド番組の開拓ができず困っていた。そんな社内の反対雰囲気が強い中、生放送がダメなら録音放送でもと役員の方は思ったのか、96年春から録音放送によるワイド番組を強行。かつて熊本ケーブルネットワークで試みた新聞の読み比べを中心に始めたが1年しか続けられず、私自身は失業。少し蓄えはあったが、ビルの駐車場管理の仕事に就いた。1日12時間を2人交代制で受け持つきつい仕事だった。体力はなんとかあったが、長く続ける仕事ではないと思っていた。こんなとき私の場合不思議と助け舟が…。

山鹿で喫茶店、運転代行も

山鹿市の方々とは１９８９（平成元）年、明治時代の芝居小屋・八千代座復興に向けた山鹿青年会議所のイベントでの講演などでお付き合いが始まりました。歌舞伎の坂東玉三郎さんが初の八千代座公演をされたのがその翌年。さらにその翌年だったか、ＲＫＫ熊本放送ラジオ「こちら九州ラジオ村」の〝わらべ歌〟コーナーで、「玉三郎さんも上がった八千代座の舞台で歌いたいですね」と話したところ、すぐに山鹿の青年会議所の方から「わけなく実現できますよ」との連絡をいただき、10月下旬に開催にこぎ着けました。

暖房のない八千代座のこと、番組で「座布団と膝掛けを持って参加してください」と呼び掛けると、本当に座布団を持った人たち１００人ほどが詰め掛けてくれ、ともに高らかに童謡を歌うことができました。

そうした10年越しの縁のおかげでしょう。八代の仕事を辞めた後、青年会議所の方から「山鹿に住みませんか」とお誘い。空き店舗活用対策の市の補助金も頂き、市役所近くの堀明町《ほりみょうちょう》商店街の一角に２０００年夏、「ラジオ村・村役場」という喫茶店を開きました。ただ、以前RKK近くで開いた喫茶店「ボイス」のときもそうでしたが、地元の人の集会所にしたい、人の話を聞いてラジオなどメディアを通じて伝えるための場所にしたいという考え方があるものだから、飲食単価は安めに設定するなど、商売としてはうまくいくはずがありません。

山鹿市で開いた喫茶店「ラジオ村・村役場」。経営には苦労した

　また、空き店舗の改装にも想像以上の出費がかさみました。市役所のすぐそばで本来なら商売にいい場所なのでしょうが、すっかり自動車社会になってしまった町だけに歩く人も少ないのです。飲食店なら食費は浮かせると高をくくっていたものの、実際には赤字経営。1日の売り上げが1500円という日もありました。

　何とか稼がねばと、閉店後の夜間でも可能な運転代行の仕事もしました。深夜3時ごろまでで数千円になり、山鹿の人脈を知るいい経験にもなりましたが、やはり激務。半年しか続けられませんでした。旧知の人からの紹介で、遠い小国町のそば屋さんの店員アルバイトに車をとばして通ったこともありました。

ほかには行政の公募審議会委員や朗読教室の講師、以前の人脈で声をかけてもらえる司会や講演など、ほそぼそと食いつないでいる、という状態でした。

余録

山鹿青年会議所のメンバーから声がかかり、山鹿にセミプロとして本格的な喫茶店&レストラン「ラジオ村・村役場」を開店。良い場所を見つけたのだが、人口、高齢化社会、車優先の地方都市という問題を全て抱えていた。歩く人はほとんどいない商店街の一角で、私自身板前の腕を持っていないので、主婦1人を雇って細々と頑張った。しかし経営手腕もなく閉店へと追いやられる日々。

市役所職員に認められて市の改革活性化委員、文化活動委員などを歴任したが、生活に困るほどになり、夜間の運転代行業務に就き、1回7000円から1万5000円ぐらいの日銭で食いつないだこともあった。

ブランク7年「ラジオ村」復活

山鹿市での喫茶店経営がうまくいかず苦しんでいた2001（平成13）年夏ごろ、以前のRKK熊本放送ラジオの「こちら九州ラジオ村」担当だった広告代理店の方から「もう一度、ラジオ村をやってみませんか」と話がありました。

1995年6月末での番組終了は、番組の生みの親だった玉木喜八郎ラジオ局次長の退職に合わせてというのが表向きの理由。一方で、私の独断と偏見の言いたい放題などが問題視されていた面もあり、「いまさら無理だろう」というのが正直な感想でした。

ただ、RKK側でも理解していただける方が担当だったらしく、話が進んでいる感触を得て、かつて世話になったスポンサーの方々に「復活しそうです

RKKラジオで「ラジオ村」復活が決まったころ、山鹿市で経営していた喫茶店「ラジオ村・村役場」で

ので、その節はよろしくお願いします」とあいさつ回り。7年のブランクを経て2002年10月からの放送開始が決まりました。「やっぱり自分には、これしかないな」。67歳での再スタートです。

以前の「ラジオ村」は平日午後の2時間ほどの枠でしたが、全国ネット番組が挟まるので実際に話すのは合計30分ほど。今度は週1回、日曜夜に変わる一方、まるまる1時間になりました。RKKのラジオカー「ミミー号」のキャスターもした荒牧夕美さんにアシスタントをお願いし、ディレクターも外部からという陣営。生放送ではなく録音での放送となり、私の「言いたい放題」には歯止めがかかりました。

1時間枠ですから、かっちりした構成、コーナーづくりが必要です。聴取者との交流に欠かせない誕生日紹介、私も高齢になったので高齢者応援、歌う人が減っている童謡に親しんでもらうコーナーなどを設けました。

既に世の中は電子メール、ファクスが一般的な時代になっていましたが、録音構成では即座に反応できないので、聴取者からの投書ははがき、封書に限定。幸い、以前のファンの方々をはじめ、多くのお便りをいただいています。番組は現在は、土曜夜の30分枠になっています。

番組再開から8年目の２０１０年夏、山鹿から熊本へ住まいを移しました。山鹿での生活では、町内会や商店街組織、地元経済人の集まりに参加させていただき、ベトナムの歌舞団公演の進行役を務めさせてもらうなど、地元振興に何らかのお手伝いができたと思っています。

余録

生活を見ていた広告会社の中川さんとおっしゃる方が「小松さんは放送の仕事が向いているので、もう一回〝ラジオ村〟に挑戦してみては…」と、ＲＫＫにかけあってくださり、平成14年10月から「こちら九州ラジオ村」が復活した。

今までの大風呂敷に何でも突っ込んである番組と異なり、全て熊本の話題を中心に丸々30分の番組。ブランクの間に、まちおこしを通じて熊本の各地域のまちおこし運動に加わったことが勉強になった。本渡商店街の皆さん、熊本市黒髪の三軒町商店街の皆さん、人吉市下原田町、五木村森林組合など、そうした地域での生活実態を知ることができた。放送というコミュニケーションを離れて、実際のいろんなコミュニケーション広場があることが分かったことも良い勉強となった。

熊本刑務所でＤＪ続け35年

ＲＫＫ熊本放送の「モーニング・ダイヤル」と富山のＫＮＢ北日本放送のラジオ番組を掛け持ちすることになった１９７９（昭和54）年、富山刑務所内でディスクジョッキー（ＤＪ）が始まったと聞きました。方丈豊というマイクネームでＫＮＢでも人気のパーソナリティーが年に数回奉仕していて、この方、実は地元のお寺のご住職でした。

「ラジオ村」でコンビを組んだ平石薫さん（手前）と、受刑者を励まし楽しませようと語る

自分もやってみようと熊本市渡鹿の熊本刑務所に提案すると、受け入れてくれて81年にスタート。毎月１回、最終火曜日の午後６時から１時間、館内の放送設備を使っての、学校放送みたいな生放送です。番組名は受刑者から募って「たそがれボイス・パラダイス」。

ラジオ番組でパートナーだった女性と組んで、刑務官が受刑者から集めた「お便り」を読み、８曲ほどリクエスト曲を流します。最初のころは、以前仕事をした東京のニッポン放送に頼んでカセットテープに録音してもらっていました。受刑者向け図書室の一角にマイクを置き、彼らの生活空間の中での放送。その〝スタジオ〟まで、独居房や雑居房の鉄格子越しに受刑者たちが手を振るのを見ながらの往復でした。

「お便り」の中身は、「外なら酒ばかり飲んでいたと思うが中では健康」だとか、日常の収容生活や出所が決まった仲間への激励などさまざま。熊本刑務所は重罪の受刑者を収容していて刑期は長く、ＤＪを長く続けていると、なじみになります。

出所当日、ＲＫＫまで菓子折りを持って訪ねて来てくれる人もいて、あるときは受付から「トルコの放送局という人が来ました」と伝言。「えっ？」。考えた末「（刑務所がある）渡鹿の放送局」のことだと思い当たって合点がいきました。また、私が一時山鹿市で喫茶店をしていたころ、新聞販売店の配達員が来て「お世話になりました」と言うのです。「熊本刑務所にいる間、ずっと放送を聞いて楽しんでいた」ということでした。

今では、年１回の「のど自慢大会」、「運動会」にも参加させてもらい、進行役を務めています。また、なじみの受刑者からの要望で、悩みや出所してからの生活についての相談や、愚痴を聞くなど「何でも相談係」ともいえる篤志面接員にも任命され、月に数回訪れるようにもなりました。

振り返ればはや35年。死ぬまで続けるつもりでいます。

余録

受刑者が収容されている場所に入ったのはもちろん初めてで、びっくりすることばかり。各部屋の入り口ドアの外には、それまで履いていたスリッパがきちんと脱ぎそろえてあるではないか…。所内の庭も日本庭園の芝はきれいに手入れされ、砂利石には竹ぼうきで掃除した跡がしっかりついていて清潔そのもの。その日わが家に帰った私は、玄関で靴を脱いだ後、靴をきれいに揃えて部屋に入ったほどだった。規則正しい生活を見て自分自身の生活を反省させられた。

中で行うのは、受刑者からのリクエストに応えて曲をかけるだけだが、4～5年ぐらい前から受刑者と面談して答える〝何でも相談係〟みたいなものを引き受け、より親しめる存在となっている。

毎月1回のディスクジョッキー、死ぬまで通い続けることだろう。

しゃべって歌って交流の場を

RKK熊本放送の「こちら九州ラジオ村」で、初期のころから「わらべ歌」コーナーを設けたのは、身近な音楽、誰でも歌えて親しめる童謡を、特に子どもたちが歌わなくなっているようで寂しく、もったいなく思っていたからです。リクエストを流したり、電話口とスタジオで歌ったり。それが高じて1991（平成3）年に山鹿市で「八千代座で歌う会」を開いたのは以前ご紹介した通りです。

山鹿に住み始めて数年後、地元の建設会社のショールームにピアノがあることを聞き付け、私の伴奏で毎月1回の「歌う会」を始めました。後に会場は変わりましたが、今や20～30人が集まり童謡や歌謡曲を歌います。「大きな声で勝手に歌えるのが楽しくて」「家にいると一人なので話す相手もない。ここに来るとみんなとおしゃべりができる」と、近隣の自治体からも参加があります。最高齢は90歳近く、平均70歳ほどの集まりです。

「歌う会」は2013年秋から熊本電鉄でも毎月2回、続けています。成蹊大の同窓会で電鉄の中島敬高社長と話していて即決。北熊本駅に留めてある、かつて広島を走った古い電車を会場に2時間ほど、私の電子ピアノの伴奏で歌います。こちらは年齢層が60歳ぐらい。お孫さんを連れて来られる方もいて、子どもたちに童謡が忘れ去られてしまうのではという私の心配が杞《き》憂《ゆう》に終われば、と受け止めています。

熊本市南区城南町のレストランでも最近、似たような催しを始めました。「村長さんのトークショー」というタイトル。1人でしゃべり続けるみたいに聞こえますが、ランチを楽しみながら井戸端会議しようという試み。「ラジオ村」にお便りをくれた方に案内を出し、音楽仲間の中山正直さんのバンドが入ってみんなで歌うこともあります。

自嘲気味に言うと、伴奏で指を動かすから老化防止の効用狙い。いや、むしろ音楽以上に多くの人と話をするのが好きなのだと実感しています。何かを仕掛けて語らいの場にしてもらう楽しみとでも言いましょうか。

熊本電鉄のレトロな車両内で開く「電車で歌おう」は、毎回和やかに歌い続ける（中央奥が私）

メディアというのはコミュニケーションを仲介す

る存在＝媒体という意味ですね。歌ってしゃべって交流の場を作る、というのは、メディア業界の遍歴を重ねてきた私がたどり着いた、一つのメディア像なのかもしれません。

余録

私の仕事は遊びのような仕事、だからこそ終わりはない。ラジオ、〝歌う会〟でのピアノ伴奏、山鹿の生涯教育・朗読教室の皆さんとの対話、さらに、国内外へのラジオ番組の取材旅行など、どれものんびりと、しかし緊張感を持って楽しくやっている。

多くの人から「いいね」と言われるが、たまたまこういう立場になっただけ。旅姿も、ゲタは持って行くが、ショルダーバッグ一つだけ。税関でも「これで本当に海外へ行ってきたんですか？」と言われる。おみやげもほとんどないので、手荷物もナシに近い。これが私の人生であり今後もこの生活を続けて行くことだろう。そして、冥土へ行ったら年を取らないわけだから、より多くの友を得てのんびり暮らすだろう。誰も体験したことのない旅人生、これが私のこれからの創造の旅なのだ。さよならではなく、「いつか会いましょうネ!!」。

あとがき

昭和54年の4月、初めて熊本の土を踏んだ。ＲＫＫラジオのスタッフに誘われて、ローカル放送のラジオワイド番組の開発のためにやって来たのだ。ラジオ番組の開発となれば、当然のことながら、そこに住み着いて、その土地の匂いをかいで、空気を吸い、土地の人の間にとっぷり漬かって、友だち付き合いをしなくてはと思い、気が付いたら38年の月日が過ぎていた。

初めは朝のワイド番組『モーニング・ダイヤル』、そして後半は『こちら九州ラジオ村』という午後のワイド番組を担当した。どちらも放送中はスタジオにいるが、それ以外は外に飛び出し、県内をくまなく歩き回った。こうして、より多くの人と顔を合わせることで聴取者開拓をしていき、その結果が今につながっている。

最初の友だちは菊陽町の当時の〝4Ｈクラブ〟のメンバー。青年だった彼らも60歳になり、この7人には「結婚式の司会はボランティアで引き受けるから」と約束し実行。私も彼らから農家の生活を教えてもらうなど、今もずっと交流を続けている。ほかにも八代市鏡町の今は亡き久保田種子さんや、豊野町の喫茶店のご夫婦たち。この喫茶店のご主人は私のものまねが得意で、今でも近くに行くと立ち寄る。また、当時は柿農家だった中島幸子さんからは「結婚したのでお祝いに来て！」と言われて出かけたのが縁。天草市の杉《すぎ》本《もと》笑《えみ》子《こ》さんは美容師さん、上天草市の洋子さんは書道の先生。洋子さんからは毎年年賀状をもらうが、字の下手な私はいつも返事を書くのが大変！

五木村の五木建設の社員さんは、林道建設に携わっていてラジオファン。会社の忘年会に参加したことも。湯前町・藤本建設のご夫婦の奥さんは〝シャム猫〟というラジオネームで参加していたが、乳がんの手術を熊大病院で受け、その後月1回の診察で熊本に来るたびにスタジオに立ち寄り、「怖くないです。元気に元通りになりました。心配せずに手術を受けましょう‼」と、励ましの言葉を語ってくれた。免田町の職員とは「チューリップ祭り」で年に1回、司会を頼まれ交流。計15年間、お付き合いをした。他にもまだまだ数えたらきりがない。こうした人たちと今も交流を続けている。

ラジオがある限り、私が生きている限り〝交流〟は続き、終わりは考えられない。

次は「『村長』のゲタを鳴らして」を出版しようと思っている。

著者略歴

昭和10年3月1日　東京生まれ
昭和33年3月　成蹊大学政経学部卒業
昭和33年4月　日本テレビ報道局報道部入社
昭和38年　放送批評懇談会入会。放送評論家となる
昭和39年3月　日本テレビ退社
昭和39年4月　東京12チャンネル入社
昭和41年9月　東京12チャンネル退社
昭和42年10月　第一広告社入社
昭和45年9月　第一広告社退社
昭和45年10月　有限会社「マイ・プランニング」設立し独立。

独立してからは放送、新聞、雑誌での執筆、台本作家、カメラマン、番組制作など、〝マスコミなんでも屋〟をやり、地方局を転々として、いつしかラジオパーソナリティーとなり、今日に至る。

シリーズ・わたしを語る

各界で活躍する熊本人を対象に、その人ならではの人生行路を思う存分語ってもらう「熊本日日新聞」朝刊長期企画シリーズ。『「村長」メディア放浪記』は、2016（平成28）年1月23日から3月2日まで連載。

「村長」メディア放浪記

2016（平成28）年9月10日　初版 第1刷発行
著　者／小松　一三
発行所／熊本日日新聞社
制　作／熊日出版（熊日サービス開発株式会社出版部）
発　売／〒860-0823
熊本市中央区世安町172
電話096-361-3274
装　丁／内田　直家
印　刷／株式会社 城野印刷所

ISBN978-4-87755-541-2 C-0023